Internet & Agriculture

互联网+农业

智慧粮食的电商流通
营销管理生态圈研究

王黎明 著

浙江工商大学出版社
ZHEJIANG GONGSHANG UNIVERSITY PRESS

图书在版编目(CIP)数据

互联网＋农业：智慧粮食的电商流通营销管理生态圈研究 / 王黎明著. — 杭州：浙江工商大学出版社，2018.11

(农业互联网＋丛书)

ISBN 978-7-5178-3011-5

Ⅰ. ①互… Ⅱ. ①王… Ⅲ. ①农产品－网络营销－研究－中国 Ⅳ. ①F724.72-39

中国版本图书馆 CIP 数据核字(2018)第 243465 号

互联网＋农业

——智慧粮食的电商流通营销管理生态圈研究

王黎明 著

责任编辑	谭娟娟	
封面设计	林朦朦	
责任印制	包建辉	
出版发行	浙江工商大学出版社	
	（杭州市教工路 198 号　邮政编码 310012）	
	（E-mail:zjgsupress@163.com）	
	（网址:http://www.zjgsupress.com）	
	电话:0571－88904980,88831806(传真)	
排　　版	杭州朝曦图文设计有限公司	
印　　刷	虎彩印艺股份有限公司	
开　　本	880mm×1230mm　1/32	
印　　张	7.875	
字　　数	195 千	
版 印 次	2018 年 11 月第 1 版　2018 年 11 月第 1 次印刷	
书　　号	ISBN 978-7-5178-3011-5	
定　　价	35.00 元	

前　言

　　"智慧粮食"具有广阔的应用前景,其概念一经提出,立即引起粮食行业相关部门的高度重视。尽管"互联网＋粮食"的应用还处于初级探索阶段,但人们已经意识到"互联网＋智慧粮食"建设的必要性和重要性。同时,也憧憬着移动互联网、大数据、云计算和物联网等新兴信息技术与传统粮食行业的融合、创新。"智慧粮食"建设以大数据平台为核心,是粮食信息化建设的基础。这一云平台系统的建设在一定程度上可以满足粮食行业对大数据支持的需求,并为云计算在粮食行业的实际应用提供了行之有效的解决方案。

　　本书从"互联网＋智慧粮食"揭出的背景与意义出发,阐明"智慧粮食"流通信息化的机遇与挑战,揭示构建"'互联网＋智慧粮食'电商营销生态圈"的战略意义;并结合互联网时代网络营销的创新模式,建设面向"智慧粮食"电商生态圈的广告营销体系,描绘出一幅"智慧粮食"电商广告营销生态圈的云图。

　　本书的研究内容包括:

　　第1章,先介绍"'互联网＋智慧粮食'电商营销生态圈"提出的时代背景和战略意义;紧接着介绍主要研究内容,其中包括借助互联网的优势构建网络广告营销体系,并提出该体系建设的初步设想架构;再简单介绍"互联网＋"与"智慧粮食"战略定位与总体模式设计的方案和关键技术，以及为实现模型落地的主要技术和方案创新。

第2章，主要讲述"智慧粮食"的国内外发展状况及市场需求情况，阐述"智慧粮食"在互联网时代背景下已成为世界各国关注的焦点。在发达国家，信息化贯穿粮食生产、收购、仓储、加工和管理的全过程。通过实现数字化、网络化和智能化，以实现粮食生产和流通为核心的全过程质量安全控制是国外粮食质量安全科技发展的趋势。同时，也讲述了我国现阶段对"智慧粮食"建设的不足和存在的主要技术与市场难题，从而进一步说明加快"互联网＋智慧粮食"电商营销生态圈建设的迫切性。

第3章，主要讲述"智慧粮食"的战略定位与总体模式设计，包括战略定位的具体方案及对"智慧粮食"总体模式设计的原则与主要内容。同时，对总体模式的建设目标及系统的总体架构进行全面系统的阐述，讲述总体的顶层概念设计内容和建设内容，并对"智慧粮食"总体的运营模式也有较为系统的阐述。

第4章，主要介绍"智慧粮食"系统总体设计方案的原则和主要内容，其中原则主要体现在统筹兼顾及突出重点上，对"智慧粮食"系统的总体设计进行有效的调整和改善，从而实现系统的合理运行。同时，对总体架构方面的主要内容也进行了详细介绍，其中包括各基础性平台、业务性平台、技术性平台和服务性平台的功能；对实现该系统合理有效运行的网络技术、数据库技术也进行了全面阐述。

第5章，主要针对"智慧粮食"系统中各平台方案的具体设计进行详细的阐述，对于每一个平台中包含的各个模块进行系统详细的说明；同时在每一个子模块平台中，也详细介绍了该平台设计过程的理念、功能和技术实现。为保障"智慧粮食"整体的有效运行，各个工作平台与子模块合理的分工协作,从而实现基于云计算、大数据、物联网等信息化技术的"智慧粮食"数据化运营。

第6章,主要阐述"智慧粮食"的各种模式设计情况与运营策略。主要介绍了"智慧粮食"的6种模式,其中包括"政策粮"模式设计与运营策略、"社会粮"模式设计与运营策略、"交易所"模式设计与运营策略、"国际采购"模式设计与运营策略、"数据服务平台"模式设计与运营策略、"粮食金融"模式设计与运营策略。该章不仅对每一模式的设计理念和运营方式进行了充分说明,也对每一种模式的运营流程和实施策略做了详细的介绍,进一步保障了"智慧粮食"电商生态圈的有效构建。

第7章,讲述广告与市场营销的相同点为产生的条件相同——商品生产的高度发展;从研究内容上看,二者都属于经济范畴,市场营销把广告作为组成部分,广告和市场营销都是企业经营管理的重要组成部分。广告是市场营销组合中的有机组成部分,是促销组合中最重要的组成部分。同时,讲述结合互联网时代农产品"PGCB联动网络营销模式",借助"智慧粮食"电商生态圈商业交易模式的平台构建,将广告营销的各种策略进行有效的展示,从而达到面向"智慧粮食"电商生态圈的广告营销体系建设的目的。

目　　录

第1章 绪 论

1.1 背景意义

互联网随着信息通信技术的深入应用带来的创新形态演变,本身也在演变,并与行业新形态相互作用共同演化,如同以工业4.0为代表的新工业革命Fab Lab(个人制造实验室)及创客为代表的个人设计、个人制造和群体创造。可以说,"互联网+"是新常态下创新驱动发展的重要组成部分。2015年7月,国务院印发《关于积极推进"互联网+"行动的指导意见》;2015年10月29日,中国共产党第十八届中央委员会第五次全体会议指出:实施网络强国战略,实施"互联网+"行动计划,发展分享经济,实施国家大数据战略。

2017年2月,国务院颁布《粮食行业信息化"十三五"发展规划》,旨在促进粮食产业优化升级,服务供给侧结构性改革,引领粮食行业科学发展。规划提出总体目标,包括大数据、云计算、物联网等新一代信息技术在粮食行业的广泛应用,粮食装备信息化、智能化水平显著提高,信息共享、资源利用、业务协同能力明显增强,核心业务领域应用大数据能力明显提升,信息服务更加高效,覆盖各级粮食行政管理部门和主要涉粮企业的信息化基础设施体系基本建成,信息化应用管理、标准规范、安全保障、人才培养和技术创新体系等不断完善。"互联网＋粮食"行动计划全面实施,"智慧粮食"建设取得进展,信息化在粮食行业产业升级中的支撑作用显著增强,粮食行业能够适应粮食流通新形势的需要。

"智慧粮食"具有广阔的应用前景,其概念一经提出,立即引起粮食行业相关部门的高度重视。尽管"互联网＋粮食"的应用还处于初级探索阶段,但人们已经意识到"互联网＋智慧粮食"建设的必要性和重要性。同时,也憧憬着移动互联网、大数据、云计算和物联网等新兴信息技术与传统粮食行业的融合创新。本章从"互联网＋"提出的背景与意义出发,阐明"智慧粮食"流通信息化的机遇与挑战;再结合互联网思维,介绍"智慧粮食"的概念与特征、功能与作用,描绘出一幅"智慧粮食"电商营销生态圈的云图。

1.1.1 "互联网＋"时代

习近平主席指出:"网络信息是跨国界流动的,信息流引领技术流、资金流、人才流,信息资源日益成为重要的生产要素和社会财富,信息掌握的多寡成为国家软实力和竞争力的重要标志。"随着互联网、云计算、大数据和物联网等信息技术的加速融合和不断创新突破,新一轮科技革命和产业变革正勃然而起,互联网与传统行业结合形成的"互联网＋"已经成为当今时代的热门课题。

在 2015 年 3 月 5 日上午召开的第十二届全国人民代表大会第三次会议上,李克强总理在政府工作报告中首次提出"互联网＋"行动计划。这有力地推动了移动互联网、云计算、大数据和物联网等与现代制造业的结合,促进了电子商务、工业互联网和互联网金融的健康发展,引导着我国互联网企业向国际市场拓展。

"互联网＋"实际上是创新 2.0 下的互联网发展新形态、新业态，是在知识社会创新 2.0 推动下的互联网形态演进。新一代信息技术发展催生了创新 2.0，而创新 2.0 又反过来作用于新一代信息技术形态的形成与发展，重塑了物联网、云计算、社会计算和大数据等新一代信息技术的新形态。新一代信息技术的发展又推动了创新 2.0 模式的发展和演变，如 Living Lab（生活实验室、体验实验区）、Fab Lab、AIP（"三验"应用创新园区）、Wiki（维基模式）、Prosumer（产消者）、Crowdsourcing（众包）等典型创新 2.0 模式不断涌现，并进一步推动了以用户创新、开放创新、大众创新、协同创新为特点的知识社会创新 2.0 的演变，改变了人们的生产、工作和生活方式，也引领了创新驱动发展的"新常态"。

1)"互联网＋"的本质与进程

互联网具有打破信息不对称、降低交易成本、促进专业化分工和提升劳动生产率的优势，为经济转型升级提供了重要机遇。互联网与传统产业融合，互联网金融、互联网交通、互联网医疗和互联网教育等新业态正是互联网与传统产业相融合的产物。工业互联网正在从消费品工业向装备、制造、能源和新材料等工业领域伸展，全面推动传统工业生产方式的转变；农业互联网也在从电子商务等网络销售环节向生产领域渗透。"互联网＋"的内涵在根本上区别于传统意义上的"信息化"，或者说互联网重新定义了信息化。之前，学界把信息化定义为信息通信技术不断应用、深化的过程，但假如 ICT(Information Communication Technology)的普及、应用没有体现出信息和数据的流动性，没能促进信息/数据在跨组织、跨地域的广泛分享使用，就会出现"IT 黑洞"陷阱，信息化效益难以体现。在互联网时代，信息化正在回归"信息为核心"这个本质。互联网是迄今为止人类所看到的信息处理成本最低的基础设施。互联网天然具备全球开放、平等、透明等特性,使得信息/数据在工业社会中被压抑的巨大潜力爆发出来,转化为巨大生产力,成为社会财富增长的新源泉。

通俗来说,"互联网＋"就是"互联网＋各个传统行业",但这并不是简单的两者相加,而是利用信息通信技术及互联网平台,让互联网与传统行业进行深度融合,创造新的发展生态。其本质(图1-1)是传统业务的数据化、在线化。"互联网＋"的实现分三步:第一步连接;第二步功能提升;第三步融合人与人、人与物,人与服务、人与场景。

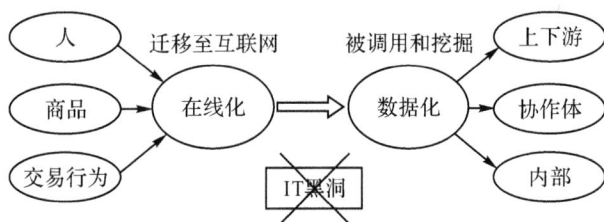

图1-1 "互联网＋"的本质

国内"互联网＋"理念的提出,最早可以追溯到2012年11月于扬在第五届移动互联网博览会上的发言。于扬当时提出移动互联网的本质离不开"互联网＋"。他认为,"互联网＋"公式应该是我们所在行业的产品和服务,与我们看到的多屏全网跨平台用户场景结合之后产生的一种化学公式。腾讯公司董事会主席马化腾也认为,"互联网＋一个传统行业"其实代表了一种能力,或者一种外在资源和环境,是对这个行业的一种提升。

马化腾认为,李克强总理所提的"互联网＋"在早期相关互联网企业讨论聚焦的"互联网改造传统产业"的基础上已经有了进一步的深入和发展。李克强总理在政府工作报告中首次提出的"互联网＋"实际上是创新 2.0 环境下互联网发展的新形态、新业态，是知识社会创新 2.0 推动下的互联网形态演进。伴随知识社会的来临，驱动当今社会变革的不仅仅是无所不在的网络，还有无所不在的计算、无所不在的数据、无所不在的知识。"互联网＋"不仅仅是互联网移动了、泛在了、应用于某个传统行业了，更加入了无所不在的计算、数据、知识，造就了无所不在的创新，推动了以用户创新、开放创新、大众创新、协同创新为特点的知识社会创新 2.0 的演奏，改变了我们的生产、工作及生活方式，也引领了创新驱动发展的"新常态"。互联网发展阶段如图1-2 所示。

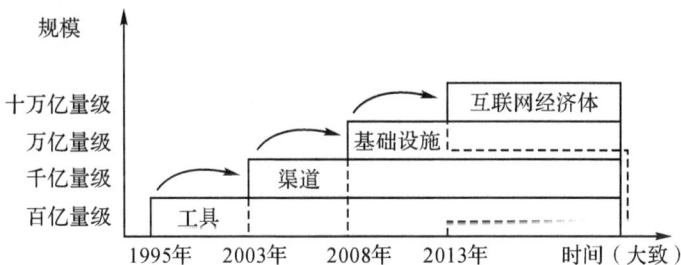

图 1-2　互联网发展阶段

2)"互联网＋"的动力来源

"互联网＋"的实践在各个行业的不断深入，极大地改变着经济、社会的面貌，其不断发展的动力源泉主要来自以下几个方面：①新的信息基础设施的不断完善；②对于数据资源的松绑；③基于信息基础设施完善和数据资源松绑而引发的行业分工形态的变革。具体如图1-3 所示。

图 1-3 "互联网＋"时代的动力源泉

（1）"互联网＋"的新信息基础设施：云、网、端①。

短短几十年间，互联网能够从诞生、普及，升级为"互联网＋"这一新变革力量，技术边界不断扩张，从而引发基础设施层次上的巨变是最为重要的原因。大力加强新信息基础设施的建设，"互联网＋"才能获得不竭的动力源泉，才能在经济、社会发展中彰显威力。"互联网＋"仰赖的新基础设施，可以概括为"云、网、端"三部分。"云"是指云计算、大数据基础设施。生产率的进一步提升、商业模式的创新，都有赖于对数据的利用能力，而云计算、大数据基础设施像水电一样为用户便捷、低成本地使用计算资源打开了方便之门。"网"不仅包括原有的互联网，还拓展到物联网领域，网络承载能力不断得到提高，新增价值持续得到挖掘。"端"则是指用户直接接触的个人电脑、移动设备、可穿戴设备和传感器，乃至软件形式存在的应用，"端"是数据的来源，也是服务提供的界面。

新信息基础设施正叠加于原有农业基础设施（土地、水利设施等）、工业基础设施（交通、能源等）之上，发挥的作用也越来越重要。"互联网＋智慧粮食"中，构建以"云、网、端"为基础的粮食信息设施新

---

① "互联网＋"时代的动力源泉三部分内容引自阿里研究院发布的《中国信息经济发展趋势与策略选择》这一报告。

支撑,开创粮食安全大格局的新模式,在全新的领域创造了一种全新的粮食信息生态体系。

(2)"互联网+"的新生产要素:数据资源。

人类社会的各项活动与信息(数据)的创造、传输和使用直接相关。信息技术的不断突破,都是在逐渐打破信息(数据)与其他要素的紧耦合关系,增强信息(数据)的流动性,以此提升价值,扩大使用范围,最终提高经济、社会的运行效率。

信息(数据)成为独立的生产要素,经历了近半个世纪的信息化过程,信息技术的超常规速度发展,促成了信息(数据)量和处理能力的爆炸性增长,人类经济社会也进入了"大数据时代"。互联网数据中心(Internet Data Center,IDC)于 2012 年 12 月发布了研究报告《2020 年的数字宇宙:大数据、更大的数字阴影及远东地区实现最快增长》。其中,数字宇宙是对一年内全世界产生、复制及利用的所有数字化数据的度量。从 2013 年到 2020 年,数字宇宙的规模每两年将翻一番。2012 年中国总体数据量占世界的 13%,而到 2020 年将提高到 21%。

如前所述,除了作为必要成分驱动业务(即 Data-Driven Application,如金融交易数据、电子商务交易数据),数据产品的开发(即 Data Product,通过数据用途的扩展创造新的价值,如精准网络广告)更是为攫取数据财富开辟了新的源泉。经济领域海量数据的积累与交换、分析与运用,极大地促进了生产效率的提高,为充分挖掘数据要素的价值提供了超乎寻常的前景。

作为"互联网+"的新生产要素,数据发挥着基础而重要的价值。数据为互联网平台提供了最初的信息来源,"互联网+"模式将数据进一步加工,找寻网络平台和传统行业的切合点,发挥大数据的支撑功能,给产业注入新的生机。

"互联网＋粮食"就是打破传统的粮食行业,让数据说话,运用数据进行精确保障。数据就是资源。数据被赋予背景,就是信息;数据提炼出规律,就是经验;数据借助各种工具在分析的基础上为我们提供正确的决策,就是资源。因此,数据也被誉为"未来的新石油"。庞大的粮食体系需要数据支撑,"互联网＋智慧粮食"的建设首先需要的是数据资源的建设,需要把每个人和每颗粮食都作为数据节点,从数据产生、捕捉、传递和分析入手获取资源挖掘的主动权。数据催生能力。传统的粮食行业往往追求的是速度快、效率高,"互联网＋智慧粮食"追求的是快而准、少而全、多而精,要从终端开始采集动态需求数据,实时了解各方向、各层级的保障需求,准确掌握各类物资资源数据,按照保障决心智能分析保障方式,在适当的时间把适当的物资和力量投送到适当的地点,形成快速、精确的保障能力。数据预测未来。在甲型 H1NI 流感爆发的几周前,谷歌在《自然》杂志上发表了论文,通过对几十亿条数据的分析,对冬季流感的发生进行了科学预测。实践证明预测指数与官方数据的相关性高达 97％。随着数据技术的发展,预测未来已经不是梦。实施精确保障,预判、预估、预测十分关键,需要全方位、多角度地对粮食安全保障和业务管理过程中产生的大量历史数据进行分析,从中提取能够指导方向和反映规律的信息资源,从而预测粮食发展趋势。

(3)"互联网＋"的新分工体系:大规模社会化协同。

信息基础设施建设和能力提升,加速了信息(数据)要素在各产业部门中的渗透,直接促进了产品生产、交易成本的显著降低,从而深刻影响着经济的形态。

信息技术革命为分工协同提供了必要、廉价、高效的信息工具,也改变了消费者的信息能力,其角色、行为和力量正在发生根本变化:从孤陋寡闻到见多识广,从分散孤立到群体互动,从被动接受到积极参与,消费者潜在的多样性需求被激发,市场环境正在发生着重大变革。

以企业为中心的产销格局,转变为以消费者为中心的全新格局。企业以客户为导向、以需求为核心的经营策略迫使企业的组织形式进行相应的改变。新型的分工协同形式开始涌现。

"小而美"是企业常态:由于节约了信息成本,交易费用降低令外包等方式更为便捷,企业不必维持庞大臃肿的组织结构,低效、冗赘的价值链环节将消亡,而新的高效率价值环节兴起,组织的边界收缩,小企业成为主流。生产与消费更加融合:信息(数据)作为一种柔性资源,缩短了迂回、低效的生产链条,促进了 C2B(Cosumer To Business)方式的兴起,生产与消费将更加融合。

实时协同是主流:技术手段的提升、信息(数据)开放和流动的加速,以及相应带来的生产流程和组织变革,使生产样式已经从工业经济的典型线性控制,转变为信息经济的实时协同,它们之间的对比情况如图 1-4 所示。

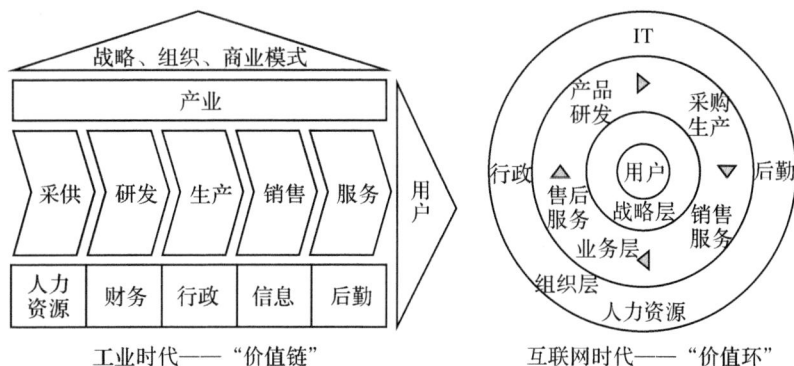

图 1-4 互联网时代与工业时代的价值对比

就业途径更多样:信息技术为灵活的工作方式提供了可能,实现了就业形式的多样化。信息经济条件下,由于沟通、协作的门槛降低,评价和信用制度的完善,专业技能的价值进一步凸显,个人能力可以得到充分发挥,就业的灵活性进一步提高。年轻一代经由网络,并利用外包方式,可以充分安排自己的时间和工作的地点,为多家企业提供服务,比如翻译、设计、客户服务等工作。企业的雇佣方式和组织形式、人们的就业方式和收入结构都将发生改变。

综上所述,新信息基础设施("云＋网＋端")、新生产要素(数据资源)、新分工体系(大规模社会化协同)为"互联网＋"能量的释放提供了不竭动力,体现了信息技术革命和制度创新推动生产率跃升的强劲力道。"互联网＋"行动,将以夯实新信息基础设施、提升原有工农业基础、创新互联网经济渗透传统产业为指向,为中国经济实现转型与增长开辟新路。

1.1.2 "智慧粮食"

1)"智慧粮食"的概念

"智慧粮食"的起源,很大程度上得益于物联网、大数据和云计算等信息技术的兴起,但截至目前,学术界对它还没有一个明确的、一致认可的定义,大多数研究机构或学者都是根据自己的理解从各个方面对"智慧粮食"进行定义的。以下是笔者从"智慧粮食"的内涵和外延两个层面,对"智慧粮食"下的定义。

(1)定义1:狭义"智慧粮食"("智慧粮食"的内涵)。

该定义是局限在粮食流通领域的概念。狭义的"智慧粮食"是指粮食收购、运输、仓储和溯源等相关流通信息的数字存在及数字表现形式;在计算机可识别的可存储介质上概括的、有序的集合,并能够实现信息显示与实际存在相结合的表现对应关系;同时,将对应关系及数据在一定的立体坐标体系内,形成确定的数量、图形的二维或三维表现,将整个粮食流通中的外部环境与内在粮食品质变化机理及数字模型的三维表述直观体现,为粮食流通提供系统、全面、直观、完整和准确的信息及修改、检索和传输的控制干预功能,为粮食的高效管理提供支撑。

(2)定义 2:扩展"智慧粮食"。

"智慧粮食"是指在我国大力推进信息化建设的背景下,采取先进的物联网理念,建设新型的智慧粮食信息基础设施,充分利用现代传感器技术、射频识别(Radio Frequency Identification,RFID)技术、地理信息系统(Geographic Information Systems,GIS)技术、网络与通信技术,使粮食信息在被主动感知的前提下,能实现兴趣信息智能推送和冗余信息智能过滤,构建保障粮食安全、精确粮食管理、便捷商务服务、可靠粮食溯源等功能的完备信息体系,在粮食生产、安全、流通、管理、调控和应急过程中,综合运用信息网络、自动控制和智能识别等技术,实现对粮食储藏信息、流通信息及交易信息自动采集、可靠传输和智能处理,实现粮食要素数字化、仓储设备智能化、信息资源网络化和日常管理可视化。该定义分析并预测了未来粮食的发展,认为识别技术和传感技术是未来粮食物联网的基石,因此更加侧重于对 RFID 技术和传感器的应用及粮食物联网的智能化。

通过对上述两种定义的比较和分析,不难看出"智慧粮食"的概念起源于射频识别对客观物体进行标识并利用网络进行数据交换,以及传感器对物理世界的感知并利用网络传输映射到信息世界这两个思想,并经过不断扩充、延展和完善而逐步形成。

2)"智慧粮食"的特征

(1)以"互联网＋"推进购销业务信息化。

通过"互联网＋"智能平台,建立客户信息库和粮农客户QQ群,及时宣传粮食收购政策,发布粮食收购信息,听取粮农对粮食收购的意见和建议,对售粮信息归集与收购流程管理实现全程数据传输流转,节省农民卖粮时间;推行收购资金网上银行支付系统,实现粮款非现金结算,有效降低农民卖粮资金收付风险;利用"互联网＋"技术,实现粮情检测系统远程监测,使粮权方能够随时了解代储粮食粮情,做到粮权方与代储企业无缝对接;将粮库粮食出入库作业、仓储保管作业的相关流程要求在系统中通过工作流的方式实现,将粮库业务管理信息系统与自动控制系统、粮情监测、机械通风、电动仓窗、视频监控等系统在智慧粮库平台中有效集成,实现粮库不同业务间的协同、支持,全方位提高粮库的信息化、自动化和智能化水平,促进粮库业务管理信息化。

(2)以"互联网＋"推进仓储管理信息化。

通过"互联网＋"使智慧粮库管理平台与智慧粮库系统的无缝连接,实现对粮库储备粮及相关业务的实时、远程监管,促使监管系统能够集中监管储备粮计划执行情况;集中监管好储备粮日常保管情况,集中监管储备粮的财务情况,包含收购贷款使用情况、保管费用使用情况和粮库安全生产情况,应用环流熏蒸系统和粮情电子监测系统,提高粮食收储企业的生产经营效率和管理效率,促进粮库粮食收储现代化。

(3)以"互联网＋"推进安全管理信息化。

针对粮库库区大、管理难的问题,安装移动式电子监控系统,借助

"互联网＋"联通平台,实现库区监控全覆盖;采用先进的物联网技术和射频识别技术,加强库内粮食档案管理和关键危害控制点的监管,使各类粮食经过多次整晒、倒仓、烘干等复杂业务以后,系统仍然能够清晰区分各类各批次粮食的来源;全面加强信息化与发展的深度融合,把数据和信息资源作为重要生产要素,把信息化作为牵引粮食流通产业结构调整和经济发展方式转变的着力点,以"互联网＋"切入,进而物联网、云计算、大数据等释放 IT 红利,发挥信息化对粮食经济发展的强大引领作用,促进粮库构筑信息时代竞争新优势。

1.1.3 构建"互联网＋智慧粮食"的战略意义

"智慧粮食"的核心是数据,需要沉淀大量涉粮企业数据,为决策支持、行业管理提供依据。由于这部分数据存在数据源头多、结构不统一、指标项重复等问题,信息共享难以实现。通过对信息采集技术的研究,可最大化利用现有资源,减少人工操作,并保证数据的有效传输。"智慧粮食"以建设大数据平台为核心,是粮食信息化建设的基础设施,其以承载了广泛的数据、模型、服务能力的平台为基础,培育包含监管部门、涉粮企业、农民、消费者、软件开发者和数据供应商在内的共生"智慧粮食"生态系统。它将汇聚与整合和粮食行业相关的全部数据与信息,承载"智慧粮食"数据挖掘算法与模型,为第三方应用开发提供数据接口与运行平台,使用丰富的信息发布方式为使用者提供信息服务。

通过建议涵盖种植、收购、储藏、流通、加工、消费和贸易等环节信息的网络采集平台,实现对涉粮企业持续的数据采集与存储,形成涉粮信息的数据积淀。该平台将分散、独立的企业信息系统、地方粮食行政管理部门信息系统及有关部门涉粮信息系统连接起来,将分散的涉粮数据、信息资源整合起来,以提高国家对粮食供求的预测能力和决策水平,增强行业的涉粮信息服务和监管能力,提升粮食流通效率和企业经营管理水平,进而达到保障国家粮食安全的目的。

构建"互联网＋智慧粮食"的战略意义,在于增强国家调控市场的前瞻性、针对性和有效性。一套系统能否真正做到此,笔者认为可从以下几方面衡量。

1)"互联网＋粮食收储"

做好粮食收储,是调动农民种粮积极性、促进农民增收、确保粮食颗粒归仓和保障全省粮食安全的重要基础。一要实施收购信息化管理。结合危仓老库改造,在全省基层国有收储粮库建成粮食收购信息管理系统,实现与省级平台业务数据互联互通和视频信息实时监管。利用现代信息技术自动采集数据,实现对农民售粮扦样、检验、称重和结算等环节全程信息控制,实时掌握粮食收购品种、数量、价格和质量等动态信息。这样缩短了农民售粮等候时间,有力促进了粮食收购规范管理,使农民卖上了明白粮、放心粮。二要积极打造智慧粮库。利用射频识别、传感器、智能图像识别等物联网技术,着力打造智慧粮库。在粮食出入库、粮情监测、经营管理和安全生产等方面实现信息化管理,确保粮食储存安全和经营管理规范,促进粮食仓储企业转型升级。三要推进储备可视化监管。研究开发储备可视化监管系统,选择部分省份建立储备粮库,进行可视化远程监管系统试点建设。目前该系统已与省级监管平台链接成功并上线运行。粮食储备可视化监管系统,将全面、直观、及时地掌握储备粮在库情况,更好地对储备粮进行计划管理、轮换管理、统计管理、仓储管理等,实现对储备粮全过程远程监管,提高储备粮管理的现代化水平。

2)"互联网＋粮食调控"

粮食市场调控关系、生产、流通和供应,利用互联网技术及其影响力,可以为广大粮食生产者、经营者和消费者提供政策、市场等信息服务,同时及时掌握和分析预测市场情况,提升市场调控效率。一是加强粮食市场信息监测。升级粮食流通调查统计等信息系统,及时采集、处理、分析和发布粮食收购、销售、价格、质量、需求等综合信息,促进粮食产销衔接、品种结构调剂,引导和稳定粮食市场供需。开发运行浙江粮食价格指数系统。指数涵盖小麦、稻谷、面粉、大米等 4 个品种,价格采集点涵盖全省各市和各类粮食企业,具有较强的代表性。价格指数为分析研究我省粮油市场变化,预测粮食市场发展趋势,实施粮食市场调控提供了决策依据。二是运用竞价交易调控市场。依托浙江粮油商品交易市场竞价交易系统,主动对接国家适时适量安排政策性粮食,积极争取地方储备轮换进入市场竞价交易,调控市场供需,稳定市场预期。竞价交易系统有效地解决了粮食流通中介环节多、信息不对称、交易成本高、流通效率低等问题,通过实时全程监控管理,交易透明度增加,提高了交易效率。三是提升应急供应保障水平。

3)"互联网＋粮食产业"

当前我省粮食行业正处于深化改革关键时期,"互联网＋"为粮食企业改革发展、转型升级提供了有效途径和空间。一是打造全产业链发展模式。通过引入互联网技术手段,加强对粮食产业运行数据分析和研判,引导粮食生产流通销售方式变革,打造品牌,扩大市场份额。全省拥有银河面粉等 11 个中国名牌,淮安大米等 12 个中国驰名商标,射阳大米、兴化红小麦等 8 个中国地理标志产品。一些大中型粮食龙头企业已经形成从良种研发、规模种植、收储、加工、销售等一体化经营、全产业链发展的模式。二是发展现代粮食物流。利用互联网、物联网、大数据等技术，构建区域性粮食物流信息服务平台。靖江扬子江物流中心通过对客户提供全方位物流信息服务，粮食物流方面业务得到快速发展。推进智能粮食仓储物流、中转体系建设，提升粮食物流自动化、智能化水平和运转效率，促进粮食散装、散卸、散储、散运"四散化"发展，降低物流成本。三是建设粮食电商平台。建设此平台前要整合全社会仓储、运输、金融和质检等服务资源，开发互联网移动平台，构建电子商务＋物流配送的粮食营销新模式。通过电商平台，营造浙江粮食名特优品牌优势，建设放心粮油消费网络，提供放心安全的粮食消费环境，保障百姓舌尖上的安全。

4)"互联网＋粮食监管"

粮食市场秩序与种粮农民、消费者的利益息息相关。要维护农民利益，顺应人民群众对粮食质量安全的期盼，就要对粮食流通监管提出更高要求。一是加强粮食流通监管执法力度。研发并应用全省粮食流通监督检查政务系统，其要涵盖粮食流通监督检查主要业务，融粮食流通行政执法和日常管理业务于一体，为粮食流通监督执法有效开展提供平台支撑。依托监督检查政务系统，开发试点移动执法平台，通过专用设备和终端开展移动执法，实现法律法规查询、举报受理、拍照取证和现场打印等多项功能，提高执法效率，维护市场秩序。二是建设粮食质量追溯体系。按照"散粮可标识、来源可追溯、去向可追踪、原因可查明、责任可追究"质量安全监管目标，推进粮食质量追溯体系的建设。启动粮食库存识别代码试点工作，利用现代信息技术积极探索和构建粮食质量追溯管理平台。结合粮食全产业链经营，推进粮食种植、收储、加工和供应等全过程产品质量追溯体系建设,保障粮食"从农田到餐桌"的质量安全。三是推进企业信用体系建设。依托粮食监督执法平台,联网归集粮食流通执法信息,建立粮食企业信用信息数据库。开展全省粮食企业信用评价,并作为确定储备粮油承储资格、承担政策性粮食业务、放心粮油示范企业等的重要条件。同时评价结果与全省企业信用信息数据库对接,实现企业信用信息可查可知。日前,国务院下发《关于积极推进"互联网＋"行动的指导意见》,要求充分发挥互联网在生产要素配置中的优化和集成作用,将互联网的创新成果深度融合于经济社会各领域之中,提升实体经济的创新力和生产力。在"互联网＋粮食"发展的道路上,浙江省粮食行业任重道远。

"十三五"时期,我们将以更大的力度推进"互联网＋粮食"行动,以建设浙江"智慧粮食"为目标,全面实施和完善"1210"(1个中心——粮食流通管理数据中心;2个平台——粮政业务综合管理平台、电子商务物流管理平台;10个信息化子系统——粮食收购管理动态系统、储备粮远程监管系统、价格监测预警预报系统、应急保供指挥系统、粮食仓储设施管理系统、原粮质量检测追溯系统、实时移动执法系统、财务审计管理系统、物流公共服务系统、政策性竞价交易系统)工程,为政府调控、农民增收、居民消费和企业经营提供服务,推进"互联网＋粮食"行动,以期惠及全社会、造福人民。

1.2 主要内容

1.2.1 研究内容

"'互联网＋智慧粮食'电商营销生态圈研究"是杭州国家粮食交易中心在"互联网＋"发展背景下,依托已有的粮油现货交易和网上交易平台,推进的基于互联网的跨越式发展项目。整个项目依托三大业务模块:一是紧密依托现有"政策粮"的交易基础,积极探索新兴交易模式;以"社会粮"为重点,不断扩大交易规模与服务对象。同时,以金融服务、物流服务为导向,加快创新衍生交易增值服务,构建并完善粮食交易生态服务链,建立面向"政策粮"与"社会粮"领域,以 B2B(Business to Business)为主,B2C(Business to Customer)为辅的粮食现货交易平台。二是围绕现有平台的供应商与采购商资源及本地电子商务优势,结合稻米产区与消费区的基础,积极推进面向即期现货、中远期现货交易的稻米交易所的建设工作,发展强化稻米交易的信息服务。同时,以舟山自由贸易港区建设为契机,强化主体合作,推动国际供应商入驻,发展面向国际粮食采购的交易平台,以模式创新为主导,打造粮食交易的创新服务平台。三是着力发展基于平台交易的仓储、物流等支撑服务,以及数据、信用、金融等高端衍生服务,并不断做精做深,通过产业链的延伸发展,打造面向粮食行业的数据服务平台。

最终,致力于将"互联网＋智慧粮食"电商营销生态圈打造成为一家集粮食交易、供应链金融、价格指数、信息资讯、物流仓储为一体的粮食交易互联网服务企业,强化平台与核心功能建设。

1)"'互联网＋智慧粮食'电商营销生态圈研究"

（1）"'互联网＋智慧粮食'电商营销生态圈研究"项目涉及平台的建设不是单独某块业务模式的设计，而是基于若干核心模块的整个"粮油交易"互联网生态系统的建设与完善。它不仅需要有体验良好的交易平台，更要有金融、指数、物流和数据等增值服务体系。

（2）"'互联网＋智慧粮食'电商营销生态圈研究"项目涉及平台的建设不是完全的新建项目，而是必须要与杭州国家粮食交易中心现有的政策资源、市场资源和网络资源进行紧密的整合。在此过程中，既要利用好现有的各种政策与网络资源，也要注重网络与渠道的冲突，联动市场商户、异地交易中心等多方的资源与力量，注重利益分配体系的重构，激发参与主体的能动性，实现平台业务与传统业务的顺利过渡与融合。

（3）"'互联网＋智慧粮食'电商营销生态圈研究"项目涉及平台的建设必须注重业务的创新，发展"社会粮"交易、稻米交易及国际采购等业务。在建设中，要充分利用现有的基础，一方面积极市场化，拓展"社会粮"交易业务；另一方面，申请独占性强的交易牌照，发展稻米即期现货、中远期现货交易与国际采购等业务，充分发挥发展优势。

（4）"'互联网＋智慧粮食'电商营销生态圈研究"项目及涉平台的建设必须注重运营的数据化，推动产业链向指数、金融、仓储物流等高附加值领域延伸。该平台的建设，以做好交易平台的基础业务为前提，注重发展自有运营、指数、金融等专业服务，积极拓展与其他第三方专业金融、数据、仓储物流服务提供商的战略合作，搭建起功能健全、服务完善、操作便捷的生态服务平台。

2)"互联网＋"与"智慧粮食"战略定位与总体模式设计(图
1-5)

(1)统筹规划,资源共享。

"智慧粮食"工程建设涉及面广、工作量大、技术含量高,必须按照
规范、标准的要求,统筹规划,理顺各种关系,减少重复建设,建立全省
统一网络平台,统一应用平台,统一接口标准,促进资源共享。

(2)需求主导,讲求实效。

突出自身粮食特色,不盲目仿效其他行业,不盲目贪大求全,做到与
实际现状、工作需求、技术趋势和待业发展密切结合,实用主导、切实可
行,急用先行,适度超前,力争在一些关键领域取得重点突破,力求实效。

(3)突出重点,有序推进。

信息化建设周期长、范围广,必须从实际出发,分类要求,逐步实
施,突出重点,上下联动,选定有限目标,取得经验,以点带面,逐步推
广;同时实行统分结合,上下互动,鼓励我省有条件的市、县、企业分门
别类先行先试,率先进行信息化先进技术和管理模式的开发应用,取
得经验后全省推广。

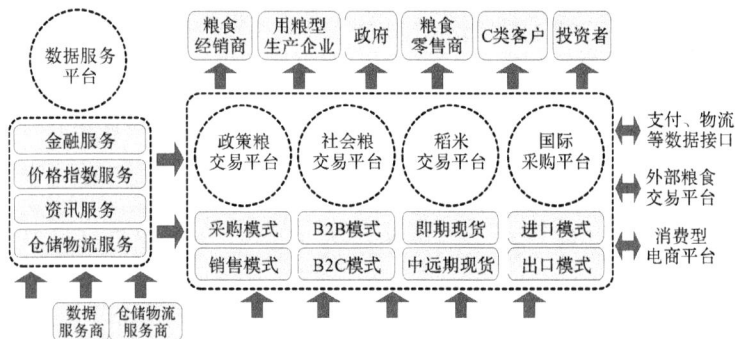

图 1-5 "互联网＋"与"智慧粮食"战略平台与总体设计

3)"智慧粮食"网络营销体系建设

随着近年来互联网技术的发展,在很大程度上扩大了我国互联网群体,越来越多的农产品销售商开始关注与应用网络市场,使得网络销售逐渐成为销售农产品的关键渠道。本书基于网络营销内涵,对我国农产品网络营销问题进行分析,进而从客户关系、物联网及移动电子商务等方面创新农产品网络营销对策。

本书针对互联网时代的市场营销理论,创新市场营销理念和模式,构建更加符合"互联网＋"时代的网络营销体系。图 1-6 是广告网络营销体系的组成。

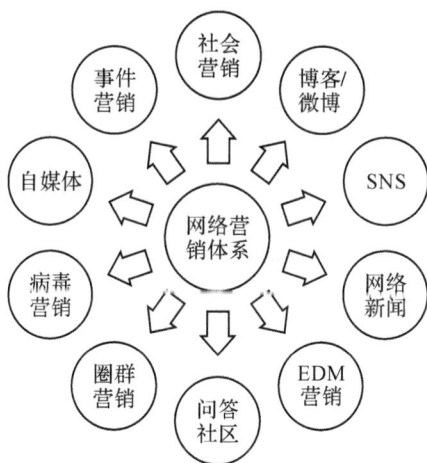

图 1-6　广告网络营销体系的组成

构建"智慧粮食"网络营销体系,需要借助"智慧粮食"电商生态系统的平台架构与网络广告营销体系相结合,借助大数据、云计算、物联网、市场营销和广告创意设计等方面的技术和理念,借助互联网、大数据技术的广告营销,将"智慧粮食"的电商生态系统与广告营销有机结合(图 1-7)。

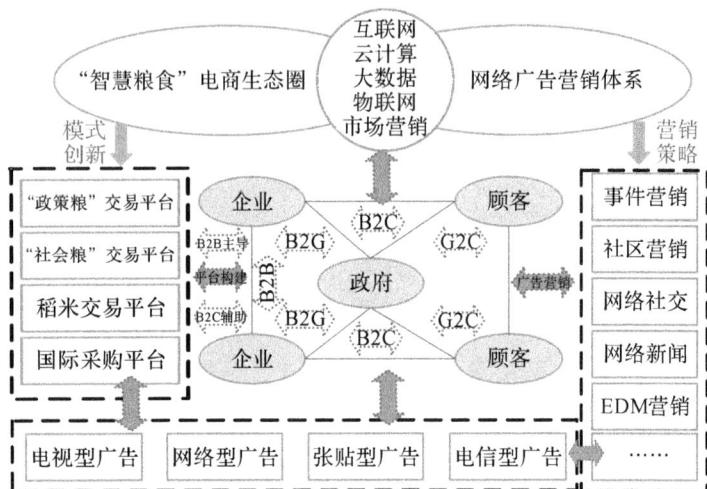

图 1-7　"智慧粮食"的广告营销体系架构设想

1.2.2 关键技术

"智慧粮食"工程基于网络硬件平台、数据标准及安全体系之上，采用 SOA 架构理念进行构建技术架构。"智慧粮食"工程总体架构如图 1-8 所示。

1）电子商务平台技术

（1）提出将对等交换与主从交换集成的智能型电子商务技术框架，研究并实现框架中的数据交换规范与标准、基于元素映射集与转换规则的网络匹配配置机制、分布异构环境数据迁移柔性接口、网络流优化和动态负载平衡模型等核心技术，实现同时支持对等交换与主从交换电子商务模式及异构环境的数据交换。

（2）提出基于工作流管理思想的商务与物流一体化"贯通协同式作业链"处理机制，抽象出贯通商务与物流全过程的工作流操作单元，

| 数据标准 | | 安全体系 |

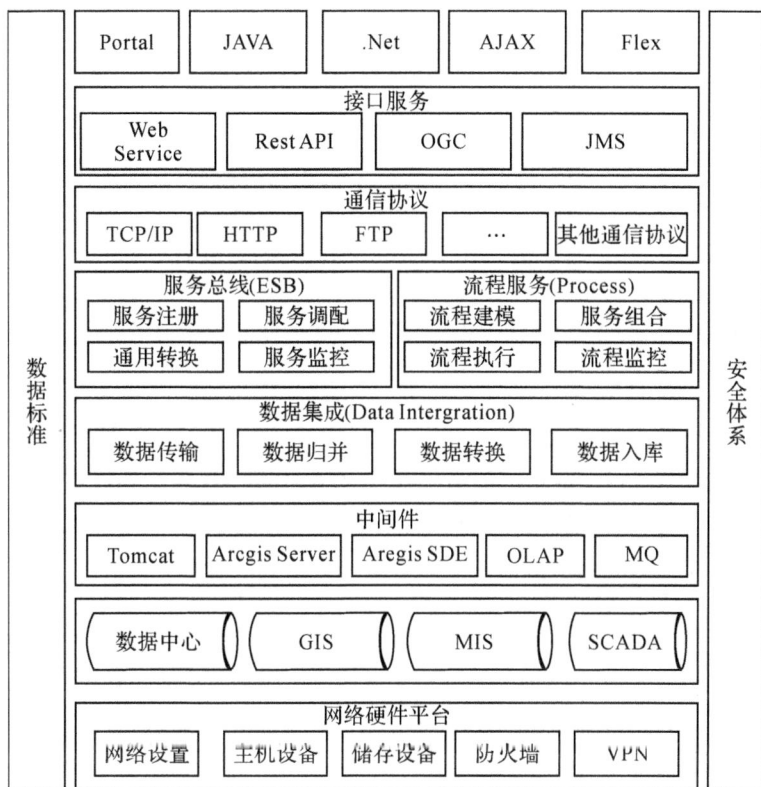

Portal　JAVA　.Net　AJAX　Flex

接口服务
Web Service　Rest API　OGC　JMS

通信协议
TCP/IP　HTTP　FTP　…　其他通信协议

服务总线(ESB)
服务注册　服务调配
通用转换　服务监控

流程服务(Process)
流程建模　服务组合
流程执行　流程监控

数据集成(Data Intergration)
数据传输　数据归并　数据转换　数据入库

中间件
Tomcat　Arcgis Server　Aregis SDE　OLAP　MQ

数据中心　GIS　MIS　SCADA

网络硬件平台
网络设置　主机设备　储存设备　防火墙　VPN

图 1-8　"智慧粮食"工程总体架构图

实施工作流操作单元的状态描述和行为描述,构建操作单元间协同作业模型与交互通道,设计出将图像描述与质量控制表组合的全过程商品质量控制/跟踪体系,开发支持商务与物流作业链集成和优化的动态配置式流程管理工具。

2)商务与物流信息挖掘与分析决策技术

提出动态商务数据流的管理模型和面向商务经营决策的分布数据挖掘模型,包括商务数据流概念模型的构建和形式化表达;商业

CRM 特征与多层次客户行为分析模型；基于频繁模式挖掘的动态商务数据流协同知识发现机制；贝叶斯网络分布数据挖掘模型等。

3）物流配送技术

（1）提出复杂约束条件的多维调运优化规则，并以时间维、资源维、地址维、费用维为约束范畴，以空载率极小化为目标，借鉴适度递阶控制思想，构建基于调运优化规则和递阶求解的物流调运优化算法模型，以及基于数据驱动与模型驱动的物流优化模型求解。

（2）研究并实现面向复杂环境的物流信息采集/物流管理/物流跟踪/物流信息可视化的集成技术，包括复杂异构环境下 WEB/RFID/GPS/GSM 等方式的物流配送信息采集技术体系；基于 GIS 的可视化配送网络地理信息数据库；物流配送网络的商品与服务状态展示。

4）安全支付技术

（1）构建综合互联网/VPN/电话网/企业专网的复杂环境下银行安全支付技术体系，提出多模式多渠道接口规范与接入机制，研究开发接入关系核查算法和安全检测方法，实现复杂网络环境下多模式安全支付。

（2）提出数字水印嵌入和检测方法。通过嵌入式技术将图像置乱方法与数字水印技术（强水印、弱水印、显性水印）相结合，实现对网络电子票据的防伪认证，支持安全可信的网络电子支付与电子合同。

1.2.3 研究思路与创新点

（1）搭建面向全行业的粮食交易平台。本书以四大平台构建为导向，突出平台运营模式创新：一是"政策粮"平台向周边地区的模式输出，以多对多交易功能创新为依托，实现储备粮更为高效的交易；二是打造面向全行业的"社会粮"平台，以 B2B 为突破口，逐步发展 B2C 模块,提升传统粮食交易效率;三是聚焦稻米交易,打造专业现货交易平台,以稻米定价为导向树立国内稻米市场风向标;四是构建国际采购平台,创新集采散卖、集运散配等模式,开拓发展面向国内外中小微企业的粮食采购服务。

(2)构建以数据为驱动的增值服务体系。本书以云计算平台为导向,创新交易平台构建的基础框架,并构建统一的面向四大平台的大数据中心,实现对交易数据、物流数据、支付数据的一体化管理。同时,以大数据中心为基础,建立与外部信用服务平台、电商平台、跨境"单一窗口"平台的合作,强化数据的挖掘与分析,建立以金融、指数、仓储物流、通关等服务为一体的增值服务体系,创新发展粮食金融、稻米指数、粮食预调配、集买散卖等多种服务模式。

(3)构建"4+1"的粮食电商生态圈。本书通过四大平台与一站式闭环全产业链服务,实现 B2B+O2O(Online to Offline)+B2C 模式的有机结合,以及行业与垂直领域交易的有效融合,其覆盖粮食产品从交易到交收全程,并通过信息流、物流、资金流实现粮食产品在资讯、物流、金融、交易等环节的有效衔接与贯通,全面提升粮食产业运转效率。同时,借助第三方电商平台、公共服务平台、支付平台,以及专业服务商等的力量,全方位保障资金、品质与信用,打造良好贸易环境。

(4)建立互联网粮食交易流程的行业标准体系。本书通过粮食线上交易平台的构建,以 B2B 为核心,围绕即期现货、中远期现货两大模块,结合电子撮合、竞价交易、挂牌交易、招标等方式,涵盖粮食仓储、粮食物流、粮食金融、粮食指数、信用等细分领域,以产业实践为引导,主导并参与制订相关粮食交易标准,形成在线粮食交易的标准化体系,强化标准的对外输出与服务,以标准化引领粮食生态圈的建设。

1.3 本章小结

　　本章主要介绍了在"互联网＋"背景下,打造"智慧粮食"电商生态圈及构建网络营销体系的历史条件,在讲述基础设施、技术条件的同时,对建设过程中遇到的问题进行了分析,同时对今后的建设方向也进行了思考和分析。本章也对研究内容所涉及的关键技术进行了论述,并阐述了具有的创新点。本章不仅讲述了在"互联网＋"背景下打造"智慧粮食"电商生态圈、构建网络营销体系的可行性,更对今后"智慧粮食"的建立提出了思考方向与合理化建议。

第2章 国内外研究现状与需求分析

2.1 "智慧粮食"的研究现状

近年来,我国的"智慧粮食"水平有了很大的提升,但是仍然存在许多不足,如还没有构筑覆盖全国的粮食现代物流信息平台,无法实现真正意义上的信息资源共享,因此不能实现对粮源收购、组配加工、库存和运输优化等物流各环节的有效控制和全程管理,也不能及时掌握粮食市场动态并进行市场行情跟踪、分析、判断和预测;大多数粮食企业基本未使用电子数据交换、电子商务、互联网等信息技术和粮食物流信息管理系统、企业资源管理系统,导致企业之间相互独立、相互隔绝,缺乏必要的信息沟通。

2.1.1 电子商务全面渗透,"互联网十"成国家战略

当下,电子商务向各行各业的全面渗透已经成为不可逆转的趋势。据艾瑞咨询数据显示,2015 年中国电子商务市场交易规模达 16.4 万亿元,同比增长 2.7 个百分点。其中,网络购物同比增长 36.2%、本地生活服务同比增长 26.7%,成为推动电商市场发展的重要力量,电子商务交易规模从 2013 年起连续 3 年稳居全球第一。电商强省浙江的电子商务交易额已突破 3 万亿元,占当年全国总量的

12.9%,其网络零售额继续保持全国领先,网络零售额占社会消费品零售总额的比值达 38%,远高于全国 15% 的水平。电子商务在流通模式、交易效率、信息资源等方面优势明显,越来越多的传统企业开始认同、接受,并进而依赖电子商务。电子商务业务范围从国内拓展到国际;产品品类从图书音像,到服装、3C、家电、食品等各个行业;产品类型从实物类商品扩展到虚拟商品、便民缴费等各个领域。电子商务的应用主体也越来越丰富,从最开始的互联网企业开展电子商务,到现在的上游的制造商、品牌商,中游的经销商、代理商,再到渠道终端的零售商,各种各样的传统企业纷纷加入电子商务行业。

在此环境下,2015 年 3 月李克强总理在政府工作报告中首次提出制定"互联网＋"行动计划。"互联网＋"行动将以夯实信息基础设施、提升原有工农业基础设施、创新互联网经济、渗透传统产业为指向,为中国经济实现转型与增长开辟新路。而阿里研究院同步发布的《互联网＋,中国经济新机遇》研究报告提出,"互联网＋"的过程即传统产业转型升级的过程,包括"互联网＋零售业""互联网＋批发业""互联网＋制造业""互联网＋外贸""互联网＋农业""互联网＋金融""互联网＋物流"七大领域。目前,已经有很多传统行业因为互联网而发生了改变,如"互联网＋零售"彻底改变人们的购物方式,促进了电子商务统一大市场的形成;"互联网＋制造业"降低了产销之间的信息不对称程度,加速了生产端与市场需求端的连接;"互联网＋金融"造就了互联网金融快速崛起的奇迹。因此,互联网和传统产业的深度融合,不仅成为一种发展趋势,也将是我国经济转型和产业升级的重要机遇。

2.1.2 粮食流通环节偏多,转型升级迫在眉睫

中国是农业大国,粮食总产量连续多年稳居世界首位。据国家统计

局数据显示,2015 年中国粮食总产量为 62 143.5 万吨,同比增长 2.4％,实现从 2004 年至 2015 年间的"十二连增",但目前我国现行的粮食流通体制和购销体系却面临诸多矛盾,成为困扰粮食产业发展的主要阻力。粮食流通作为连接粮食生产种植与粮食加工销售的关键链条,仍受制于计划经济体制下所形成的产、购、存、加、销等多个业务环节的束缚,造成粮食生产者、经营者与消费者之间的沟通阻隔、信息闭塞。同时,烦琐的流通程序又导致粮食资源的巨大浪费,据国家粮食局统计,我国每年仅在储藏、运输、加工等环节损耗的粮食便达 700 亿斤。此外,冗长的粮食流通环节需要庞大的物流网络进行支撑。与发达国家相比,我国的物流基础设施本身就存在诸多矛盾,如自动化程度低、现代化运输能力不足,且仓库、厂、站、点布局比较分散。面对薄弱的物流基础,政府又要同时协调粮食流通中的财税、工商、铁道、交通和信息等多个部门,致使我国粮食企业的物流运输成本至少比国外同行高出 10％。

面对我国经济发展新常态和粮食流通工作的阶段性特征,全面深化粮食流通改革、推进粮食流通能力现代化建设已成为迫在眉睫的紧要任务。随着互联网的普及和广泛应用,"互联网＋"已成为经济新常态下解决传统产业发展问题的有效手段,加快推进"互联网＋粮食"的新型战略,既是贯彻国家粮食局"智慧粮食"建设的总体要求,也是提高粮食市场调控能力、推进粮食产业转型升级的重要抓手,更是实现粮食流通业基本现代化的关键。依托物联网、大数据等先进信息技术改造传统粮食流通领域,重塑粮食流通产业链条,形成"产销一体化平台"模式,打造高效的粮食流通生态圈,以期借助互联网提高信息透明化水平、减少粮食流通中间环节、提高交易标准化水平。当前,国内部分地区就推动粮食流通领域转型做出尝试,如江苏出台《江苏省粮食流通信息化建设指导意见》,探索"互联网＋粮食"升级战略;山东开展粮食交易信息化建设,搭建粮食流通管理云平台,已取得初步成效。

2.1.3 粮食电商不断涌现,新兴模式层出不穷

近年来,随着电子商务的不断渗透,粮食电商这一概念也得到很大普及(图 2-1)。2016 年全国粮食流通工作会议又将加快"互联网＋粮食"电商平台建设,将打造"粮油网络经济"提升到战略高度。据不完全统计,全国有 70 多万家粮食企业利用互联网收集信息,政府、地方及民间的粮食信息网络已趋形成。目前,我国涉农网站已达 4 万多个,其中政府主管部门和专业机构开办的粮食网站有 800 多个,专门从事粮油交易的电商网站有 90 多个,网上粮食交易额不断攀升。如具有代表性的中华粮网,截止到 2015 年,已拥有用户 7 000 多家,累计成交现货粮油 2 000 多万吨,成交金额 300 多亿元。上线仅 10 个月的粮达网,注册商家近 3 100 个,交易额突破 120 亿元。此外,许多非粮电商也积极对接粮食交易业务,如恒大粮油产品已全面上线京东商城、天猫超市、我买网等几大电商平台。粮食行业搭乘"互联网＋",充分利用电子商务,已成为打破粮企发展困局、推动粮企转型升级的重要手段。

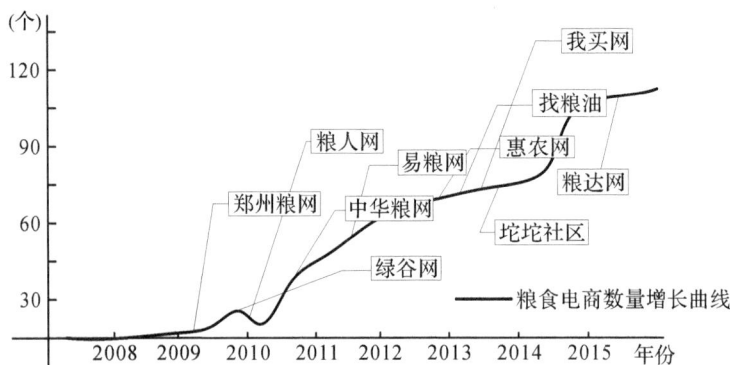

图 2-1　粮食电商的发展

目前,各类新兴的粮食电商模式也在不断出现:一是全国及区域性粮食交易平台模式,如国家粮食交易中心、各省粮食交易中心、中国粮食交易网等,主要提供国家粮食政策资讯、"政策粮"及"贸易粮"交易公告等信息服务,并上线运行全国粮食统一竞价交易平台,提供粮食市场行情、价格指数等增值服务。二是农粮 B2B 电商平台模式,如粮达网、中国绿谷网、粮人网、易粮网等,面向粮食大宗交易市场,整合农粮产业链,覆盖粮食交易的信息、物流、资本、金融的全过程,提供全面的粮油在线贸易服务。三是粮油产品 B2C 电商平台模式,如中粮我买网、沱沱工社、顺丰优选、本来生活网等,面向终端消费者群体进行粮油产品的销售业务。此外,随着移动互联网、智能设备的广泛应用,粮食电商 O2O 模式也开始涌现。尽管传统粮食产业正与互联网快速融合,但现有粮食电商缺乏体制创新基础,市场交易服务及数据、金融、信用等增值服务还不完善,相关法律和标准的滞后使粮食电商面临信息安全、交易安全、资金安全等诸多隐患。

2.1.4 交易政策依赖偏高,增值服务需求强烈

受粮食托市收购政策的影响,目前的粮食交易过多依赖国家政策性粮食的收储管理体制。据农发行统计,在 2015 年参与粮食收购的企业中,国粮企业占 73％,而民企仅占 4.92％,非国有市场主体经营空间呈被压缩态势。尤其在粮食主产区,政策性交易的主导地位更为突出。据国家粮食局官网显示,2014 年东北地区收购国家临储玉米的占比达 86％,黑龙江、江苏、安徽、江西政策性收购稻谷占四省收购总量的 72％,2015 年中储粮全年累计收购政策性粮食 2.72 亿吨。可见,现行的粮食交易受多年来形成的政策惯性和路径依赖等因素的影响程度偏深,导致"社会粮"的市场开发进展缓慢,过度的政策交易依

赖造成当下的粮食市场面临诸多痛点,如粮食企业融资困难、库存积压居高不下、粮食价格机制退化、重产量轻质量问题突出和中央财政负担加重等。

由于我国粮食行业的市场化程度不高,加之粮食收储、加工及流通的季节性特点,粮食企业资金周转速度慢、压力大,除固定资产外无可抵押物,粮食企业融资受到歧视,贷款利率高于国有大型企业。央行数据显示,2015 年粮食企业获得的贷款金额仅同比增加 1%,每年大约有 50 家的粮食企业因资金链断裂而倒闭。同时,我国粮食市场长期受"政策粮"收储管理体制的束缚,导致粮食市场机能不断退化,粮食价格发生严重扭曲。其结果不仅挫败了种粮农民的生产积极性,也使得我国粮食库存持续居高不下。美国农业部报告显示,2015 年中国约有小麦、玉米、稻谷库存 2.5 亿吨,居世界第一。此外,物流效率低、信息不对称、粮食大宗交易链信用体系差一直是阻碍粮食市场发展的难题。电子商务信息透明、突破地域限制的优势,可以帮助粮食企业将传统粮食交易转移到网上,并通过大数据手段,不断积累用户数据,从中挖掘有价值的信息,为后续的融资、价格、信用等增值服务提供支撑。

2.1.5 国外"智慧粮食"发展现状

美国、加拿大、澳大利亚等国的粮食市场化程度高,信息技术在粮食流通领域广泛应用。有专门的机构利用高新技术,如卫星遥感技术装备,预测世界农业生产情况,并通过网络信息和电子商务平台,分析国内、国外期货和现货市场信息,预测全球粮食的需求形势,从而及时调整粮价和贸易策略。粮食仓储及流通过程,通过研究粮食品质测定方法,运用信息处理技术,开发数据管理系统,把粮食流通中品质测定各个环节通过信息系统结合起来,进行粮食品质溯源管理,即对从农场收购粮食、粮食流通到最终消费的全过程实施质量品质跟踪和安全控制。

"智慧粮食"利用信息化贯穿粮食生产、收购、仓储、加工和管理的全过程。通过实现数字化、网络化和智能化,以实现粮食生产和流通的全过程质量安全控制是国外粮食质量安全科技发展的趋势。在国外,信息和电子商务等应用高新技术的管理系统被广泛应用,以提高粮油产后流通技术体系的效率。决策支持系统为决策者提供分析问题、建立模型的环境,调用各种信息资源和分析工具,从而帮助决策者提高决策水平和质量。

2.1.6 国内"智慧粮食"发展现状

国家"十三五"时期是新形势下"智慧粮食"发展难得的机遇期,是加快现代粮食流通产业发展的重要战略机遇期。打造"智慧粮食"电商营销生态圈的机遇主要体现在以下几个方面:①进一步加大调整经济结构和转变经济发展方式的力度,为粮食流通产业结构调整、优化升级提供了重要契机。②新形势下以提升粮食流通管理水平和效能为目的,应用信息化手段保障国家粮食安全,推进"智慧粮食"是发展现代粮食流通产业的战略任务。③大数据、物联网、云计算和5G等新技术不断涌现,信息技术正在发生重大变革,为"智慧粮食"的发展提供了强有力的科技支撑。

在过去的"十二五"期间,粮食行业积极探索推进信息化的建设,信息技术融合应用已取得进展,行业信息化水平得到较大提升。

1)信息技术对行业管理的支撑能力有效加强

国家粮食局相继开发应用了国家粮油统计、财务会计信息报送、重点联系粮食批发市场信息报送等信息系统。储备粮管理信息系统在行业内逐步使用，部分省区市开展了省级粮食管理平台建设，有效提升了行业管理效率。

2）粮食市场监测预警信息化水平明显提升

我国已初步建立了国家、省、市、县四级市场信息监测体系，粮食市场信息采集手段日趋完善，重点地区、重要品种和关键时段的市场监测信息不断丰富，对国际粮食市场信息的监测取得长足进步。

3）粮食仓储信息化建设稳步推进

我国各省区市和有关中央企业仓储信息化建设步伐明显加快，粮库智能化升级改造正在分层次、分梯次地有序推进。

4）粮食交易信息化水平明显提升

全国粮食统一竞价交易平台与 25 个省级粮食交易中心联网运行，全国粮食统一竞价交易体系初步形成。粮食交易逐步向电子商务模式转变，信息技术在市场体系建设中发挥重要作用。

5）行业信息化发展环境不断改善

信息化基础设施不断完善，信息化在部门高效履职和企业转型升级中的作用日益凸显，行业对信息化建设的共识度进一步提升，行业信息化进入快速发展阶段的条件已经成熟。同时，粮食行业信息化发展也面临一定问题和挑战：①信息化发展不均衡，影响了行业信息化建设的整体进程。②信息化建设不规范，与业务结合不紧密，可复制性不强。③要素资源数字化水平有待提高，信息采集时效性、准确性差。④信息资源开发利用水平有待加强，国内外市场预警预测分析能力较弱。⑤粮食行业信息化专门人才相对缺乏，制约了信息化建设的组织实施。

我国典型省份"智慧粮食"的构建过程如下：

(1)2015 年 6 月,国家发展改革委、国家粮食局、财政部三部委印发《粮食收储供应安全保障工程建设规划(2015—2020 年)》,规划提出抓紧推进"粮安工程"的建设。"粮安工程"建设的主要内容包括"建设粮油仓储设施、打通粮食物流通道、完善应急供应体系、保障粮油质量安全、强化粮情监测预警、促进粮食节约减损"等。在强化粮情监测预警方面,规划提到要整合现有粮食信息资源,强化信息基础设施和安全保障能力建设,建成包括信息采集、警情分析和信息发布的粮情监测预警体系,建立和完善库存粮食识别代码制度,推进"智慧粮食"建设,增强国家调控市场的前瞻性、针对性和有效性。

(2)2015 年,山东德州鹏达粮食物流集团第四分库作为山东省的试点基层收纳库,在粮食出库时出具库存粮食识别代码,即粮食的"出生证明"。该库的粮食在收购完成并形成稳定货位后,生成库存粮食识别代码。识别代码包括单位、产地、生产年份、品种、数量等信息,其中收购、封仓日期及粮食等级等信息上传到山东省粮食局的管理平台,实现了集中监管。在向大型储备库直至面粉加工企业的流转过程中,该识别码一直伴随粮食流转,只需用手机等终端设备扫一下,就能清晰掌握粮食的相关信息。

(3)2014 年,浙江省粮食局编制完成《浙江省粮食行业信息化建设发展规划(2014—2020 年)》。该规划提出的总体目标是建设"智慧粮食",从而实现粮食流通信息化,主要内容即"5332"工程,"5"指 5 项重点工作内容(即粮食业务信息系统、粮食仓储综合信息系统、省级粮食流通综合数据库、公共信息服务平台和新技术应用推广),第一个"3"指 3 个时间段(分别为 2015 年、2017 年和 2020 年)的目标,第二个"3"

指浙江省粮食局主要抓3个方面(即纵向联网、省级粮食流通数据库建设和省级业务系统处理平台建设),"2"指近期主要工作和中远期主要任务这两个阶段。

(4)2014年11月30日,航天信息股份有限公司董事长时旸与浙江省粮食局局长陈杰在北京签署浙江省"智慧粮库"建设战略合作框架协议。时任浙江省省长李学勇、中国航天科工集团公司董事长高红卫等出席签约仪式。浙江省在建设以物联网技术为支撑的智能粮库和以收储可视化系统建设为核心的数字化粮库的基础上,在全国率先实施"智慧粮库"工程建设,具体包括开展"智慧粮食"库存动态监管、粮食收购价外补贴、粮食物流公共信息服务、粮食质量追溯服务平台等多项"智慧粮食"应用项目。

(5)2014年,杭州农民售粮用上一卡通。无线射频基于无线射频技术的非接触式卡片,即通过射频识别技术,将卡号作为身份标识,实现粮食出入库业务"一卡通"服务。售粮农民手持"一卡通",便可以在粮库内完成报港登记、质量检验、过磅称重、入仓复检和结算付款等粮食收购的整个过程。同时,结合粮库现有的可视化、机械化、自动化设施的相互配套兼容,可实现粮食收购自动质量检验、自动过磅称重、自动输送入仓,价格、数量、金额自动计算录入。与传统的粮食收购方式相比,"一卡通"实现了粮食收购流程化管理、无纸化办公,不再需要手工单据的填制与传递,加快了粮食出入库业务的处理速度,彻底改变了过去农民售粮肩挑人扛汗流浃背的繁忙场景。在此基础上,质检员、司磅员只需将卡号相对应的样品化验和称重数据输入系统,而无须与客户见面接触。同时,"一卡通"还具备了粮食收购管理人员监督、追溯功能,从根本上杜绝了"收人情粮""开人情价"和克斤扣两、压级压价的现象。

2.2　构建"互联网＋智慧粮食"的需求分析

"十三五"时期是全面破解粮食供求阶段性、结构性矛盾的关键期,是全面推进粮食流通能力现代化的攻坚期,是全面释放粮食产业经济活力的转型期,是全面促进国内与国际粮食市场深度融合的机遇期。

2.2.1　业务信息管理需求

在新形势下,粮食行业信息化建设的需求更加迫切,主要是基于以下几个方面的需要。

1)粮食流通能力现代化的需要

为进一步解决粮食流通各环节衔接不紧密、不协调等问题,有效监测和控制粮食市场异常波动,需要建设涵盖粮食收购、储藏、加工、物流和消费等各个环节,互联互通、协同共享的信息化体系,提升粮食流通效率和应急保障能力。

2)粮食宏观调控精准化的需要

为进一步提升对国内外粮食市场的把控牵引能力,需要加强对粮食信息的采集、分析和处理,及时发现市场供求失衡信号,科学应对粮食供需变化,在确保国家粮食安全的同时,搞活市场流通,降低调控成本。

3)粮食流通监管常态化的需要

为进一步增强粮食收储供应安全保障能力,确保粮食数量真实、质量可靠,需要强化大数据技术在市场监测、库存监管、质量安全监测和企业信用管理等核心业务中的应用能力，为行业全面推行"双随机"监管提供支撑。

4）粮食产业发展高效化的需要

为进一步激发粮食产业经济活力，需要推动互联网与行业的融合创新发展，构建"互联网＋粮食"行业发展新引擎，催生企业生产经营新模式、新业态，形成企业转型升级倒逼机制，增强粮食企业的核心竞争力。

5）粮食行业服务优质化的需要

为进一步提高行业信息服务能力，需要利用互联网思维，汇聚整合、开发利用大数据资源，形成多样化的行业服务模式、内容和手段，为生产者、消费者、经营者和政府提供综合、高效、真实、便捷的信息服务。

6）电子公文交换系统建设的需求

此系统为实现全省粮食行政管理部门及省级储备粮库点之间的公文交换。

（1）整合用户管理系统需求。实现全省粮食统一政务业务内网与外网用户认证、单点登录和身份认证，从而集成我省 CA 认证中心系统。

（2）整合电子签章系统需求。实现公文、储备粮管理，报表、行政权力事项审批、领导及工作人员签名等目的的电子签章及签名系统。

（3）对现有系统的接入需求。实现粮食行政执法监督及信用系统、省级储备粮管理系统、权力网上公开透明运行系统、办公自动化系统等与粮食流通管理数据中心平台的对接。

（4）一体化视频会议系统需求。实现集行政会议、业务培训和应急指挥等于一体。

(5)粮食地理信息系统需求。实现完善全省物流中心、中心粮库、骨干粮库和一线收纳库网点布局,掌握各节点的仓容量、仓房质量、功能特点、设备配置、技术发展、人员构成等,为粮食产业发展提供支撑,并提供相应服务。

(6)业务资格管理系统需求。实现对全省粮食收购、仓储和加工等从业资格的信息化管理。

(7)粮食收购管理系统需求。实现省区市、国有粮食收购企业对粮食收购的实时管理。

(8)粮库管理信息系统需求。实现企业对粮库作业的信息化管理。

(9)储备粮管理系统需求。实现各级粮食行政管理部门对各级储备粮的管理。

(10)财会核算审计系统需求。实现对全省粮食系统的会计核算软件的统一,与现有的统一使用的报表软件相配套;并实现财务分析自动生成、业务审计。

(11)粮食流通统计系统需求。实现粮食流通发展中相关业务报表统计、汇总分析功能。

(12)粮食质量监管系统需求。实现对粮食收购、流通相关质量的安全调查、品质测报、质量追踪等。

(13)粮食安全监测预警预报系统需求。建立粮食安全预警模型,确定监测预警指标,及时调整监测频率和密度,增强监测预警的敏感性和即时性,提高监测工作的前瞻性和预见性,切实加强粮食市场监测和分析功能。

(14)粮食应急保障指挥系统需求。实现粮食应急联动管理中心集中调度应急资源,支持应急反应的指挥和行动,提高粮食应急保障能力。

(15)粮政管理决策支持系统需求。研究制订建立模型、模拟决策过程和方案的环境,调用各种信息资源和分析工具,当市场行情出现较大波动时,能在第一时间为领导快速决策提供信息支持,全面提高浙江省的粮食行政管理水平。

(16)粮食电子商务系统需求。实现粮食网上实时在线交易(包括B2C、B2B、C2C、原粮的竞价交易)。

(17)粮食物流公共服务平台需求。实现对全省粮食物流的资源共享,对物流资讯、运价、物流园区、物流企业、物流供求和物流交易的管理,适应多产品、多客户、多地区等复杂的业务情况,同时提供物流监督与调度、结算、供应链协同等增值服务,提高粮食物流效率。

(18)粮食银行综合交易平台需求。全省统一的粮食银行综合交易平台,实行对省区市、粮食银行、放心粮油店的层次化集中管理,通过利用网络和电子技术,逐步实现智能化、现代化运作方式,从而提升管理水平,实现规范化管理,进而形成全省范围内粮库通存、"放心粮油店"通兑的网络交易平台。

(19)全面接入浙江省公共支付平台需求,为线上线下粮食电子商务应用系统提供便捷支付手段。

2.2.2 数据中心建设需求

1)对元数据管理的需求

进行元数据管理,需要统一和规范粮食信息化的信息内涵,指导粮食信息化数据库及相关业务应用系统的开发设计。对粮食流通管理数据中心的基本数据集的内容结构,数据元描述规则、分类代码和目录格式,以及数据集元数据描述规则、数据集分类编码等做统一约束。为粮食行业信息管理远东化与标准化提供依据,为构建整体的粮食信息模型和数据字典提供基础信息资源。这一基础信息资源应包括基本信息、流通统计、权力是否公开透明运行、行政执法情况、行业信用情况、仓储建设情况、储备粮管理情况、粮情管理情况等其他数据内容。

2)对信息资源目录的需求

对接入粮食流通管理数据中心的所有信息资源,包括应用系统、应用服务和数据资源,都采用相应的元数据进行描述,以这些元数据为核心,建立政务业务信息资源管理体系。

利用元数据中对种类信息资源的描述,通过目录管理动态生成种类应用目录、服务目录和数据资源目录,使得信息使用者能够在其引导下,有效、快速、便捷地找到所需要的信息。基于目录资源的组织管理,提供了目录的查询和导航服务,可以灵活地对导航模式进行管理,可以动态地添加、删除导航方式,并且可以动态地修改已经存在的导航方式。

对共享资源采取目录管理模式,有利于领导、各个部门全面了解和利用全局信息资源。目录主要用来管理两类资源:信息资源和服务资源。其中,服务是指可以重用的能完成某种功能的应用等程序模块。众多的分布在不同位置的这类功能模块采用 web service 技术打包成 web 服务,通过目录实现有序化整理和管理,提供给大家共享,避免重复开发。

3）对数据处理的需求

为了提高共享数据的质量，便于用户快速有效地使用数据，数据中心对采集交换至中心的数据提供统一的数据转换、清洗、比对、关联和整合等管理，以及统一的安全认证、授权管理，统一的备份/恢复机制，统一的信息资源更新机制等，以保证数据资源的安全和质量，支持方便高效的共享服务。

4）对数据共享的需求

共享内容可以分为基础信息、交换信息、主题信息、决策支持信息和政务业务公开信息等。这些信息都是在跨部门主题应用建设过程中，由平台统一采集、交换逐渐沉淀在中心，并由中心负责数据管理，以及多维度的数据挖掘分析，为部门提供数据交换、共享信息目录导航和共享信息查询等数据共享服务。

5）对数据交换的需求

浙江省粮食局需要解决纵向数据交换——县市级粮食局数据交换、市省级粮食局数据交换、省局与国家局数据交换，横向数据交换——县级粮食局之间数据交换、市级粮食局之间数据交换、与其他单位数据交换之间的问题，即都需要规范、方便的数据交换服务。数据交换应当独立于具体应用，与具体应用的耦合关系松而清楚，不随应用的变化而变化；保证数据可靠传输；实现安全的传输；提供统一接口规范，实现异构系统、不同格式之间数据的交换。

6）对数据服务的需求

粮食流通管理数据中心支持与粮食生产流通、宏观调控、产业发展、粮政管理，以及其他信息资源库相互间的数据交互和利用。

通过电子政务业务平台、粮食流通管理数据中心面向职能部门、业务应用提供按需数据服务,可实现封装、注册、发布、组合和集成的管理。

2.2.3 "政策粮"交易需求分析

1)发展现状

"政策粮"交易是指面向最低收购价粮食、国家临时收储粮食和国家临时储备进出口粮食等的市场交易。从国内首家政策粮食交易中心成立至今,全国已建了 27 个省区市分市场,它们通过联网电子竞价系统,共同构筑了全国政策性粮油竞价交易市场体系,逐步推进我国政策性粮油等大宗商品交易方式的转变。截止到 2015 年底,"政策粮"成交量为 28 650 万吨,交易金额近 6 000 亿元。其中,浙江粮油交易网累计实现"政策粮"网上交易量 445 万吨,交易金额 126.2 亿元;且拥有杭州、金华、嘉兴、绍兴、丽水 5 个省内地级市分中心和 1 家省外分中心。浙江粮油电子商务交易平台的建立,为浙江省粮食企业走出传统产业发展模式探出了新路。但是,与国内同行业的"政策粮"交易对比来看,浙江粮油网依然存在不少问题:一是"政策粮"交易规模占比偏少,仍有上升空间。二是入驻平台的粮食供应商数量不多,粮食来源渠道狭窄。三是粮油网络平台功能并不完备,仅有信息展示、买卖交易等基础功能,数据、金融、物流、咨询、价格和信用等增值服务相对不足。

2)改变方向

浙江省以规范化、优质化、专业化的管理和服务理念迎合国内粮食企业,拓展其他地区的粮食交易市场,继续扩大本平台的"政策粮"交易规模。同时,立足杭州,面向全国,放眼国际,打造全国一流的粮食网上交易平台,强化平台交易、输出能力,吸引更多的高质供应商入驻。充分借助"互联网＋"、大数据和云计算等技术,深化金融、价格和信用等各类增值服务,打造以数据为内核的粮食交易服务平台。

2.2.4 "社会粮"交易需求分析

1)发展现状

"社会粮"是指除"政策粮"之外的以原粮、商品粮、粮食加工产品等形式在市场上流通的粮食。截至 2015 年底,我国拥有遍布城乡的各类"社会粮"仓储企业 1.9 万家,仓容总量超过 3.9 亿吨,比中华人民共和国成立之初增长近 100 倍,"社会粮"规模占我国粮食总产量的 50％以上,其中跨省粮食物流量达到 1.7 亿吨,约有 5 万亿到 6 万亿元的市场规模。目前的大连北良港、广东新沙港、上海民生港和浙江舟山港等是几家规模较为庞大的"社会粮"仓储基地。由于我国粮食市场体系不健全,加之粮食商品在我国的特殊属性,目前的"社会粮"交易仍以传统的线下模式为主。粮食线下流通一般要经过收购商、贸易商、经销商和零售商等多重中间商才能最终到达采购商及消费者手中,过多的流通环节不仅造成供需双方信息不对称,还带来物流成本高、运输时间长、回款周期慢等问题。在此情境下,粮食企业纷纷试水电子商务,"社会粮"交易互联网化开始起步。依托电子商务组织粮食的流通,能够打破信息壁垒,使价格更加透明,最大限度减少中间环节。据测算,同传统商务相比,电子商务可节约直接成本达 25％。

2)改变方向

中国"智慧粮食"交易平台应以"政策粮"交易为基础,充分扩大"社会粮"贸易规模;搭建"社会粮"交易 B2B,B2C 模式,利用互联网的信息化不断向下延伸,吸引更多的卖家、买家进入,加强撮合交易,加快产销对接速度,减少行业中间环节;积极发挥杭州作为阿里巴巴的发源地、全国的电商之都这一优势条件,解决粮食交易物流痛点,降低产品的周转率。在此基础上,充分利用平台交易积累的数据,为"社会粮"交易参与者提供金融服务、资本支持,并打造农粮行业的信用评级系统,让该平台成为行业共享的平台。

2.2.5 稻米交易所需求分析

1)发展现状

随着我国经济体制的改革,传统商品交易已无法满足市场需求,粮食、原油、煤炭等大宗商品的交易催生了一批专业化的商品交易所。以面向粮油等农副产品的交易所为例,我国目前约有正规化的粮食交易所 20 余家,如大连大豆交易所、郑州小麦交易所、吉林玉米交易中心和中国棉花交易市场等。粮食交易所是我国多层次粮食市场的重要组成部分,能够为粮食企业提供便利化服务,是提高粮食交易量、交易效率、活跃粮食市场经济的重要载体。但就目前来看,面向即期、中远期现货的稻米交易所还未出现,国内几家有影响力的稻米交易所主要还是针对期货交易。专业的现货稻米交易所建成以后,市场参与者便可进行自主报价,买卖双方可实现直接对接,不仅能够避免期货市场过少的交割量,还可通过套期保值规避风险。作为稻米主销区的浙江应该充分发挥宁波舟山港的区位和政策优势,打造专业化的现货稻米交易所,以解决稻米交易市场面临的痛点。

2)改变方向

浙江省应围绕现有平台的供应商与采购商资源及本地电子商务优势,结合稻米产区与消费区的基础,积极推进面向即期、中远期现货的稻米交易所的成立;构建"互联网＋电商平台＋交易所"的稻米交易新模式,打造人性化、便捷、易操作的稻米交易平台,提升客户体验;借助数据挖掘、机器学习、物联网等先进技术在仓单流转、资金进出等关键交易环节设置更多的管控手段，提高稻米交易所的风控水平，保证投资者信心及平台稳定性。

2.2.6 国际化采购需求分析

1)发展现状

长期以来，国内粮食的供需一直处于脆弱的紧平衡状态。据统计，从 2004 年到 2014 年的 10 年间，国内粮食的需求量增幅为 41%，而同期的粮食产量增幅仅为 25.6%，粮食的国际化采购是弥补我国粮食缺口的重要手段。据统计，我国的粮食进口总量已从 2002 年的 1 417万吨增加到 2015 年的 1.2 亿吨，增加约 7.4 倍，且我国几乎所有的粮食品种都在依赖进口。其中，大豆是我国最为短缺的粮食之一，也是对外依存度最高的粮食品种。统算发现，从 2010 年至 2015 年，大豆的对外依存度高达 83.8%。此外，稻米、玉米、小麦三大主粮的净进口也已成为常态化，中国也正逐渐成为世界第一大粮食进口国家。就目前来看，粮食进口既是缓解我国粮食供需紧平衡的有效手段，也是保障我国粮食安全的关键举措。浙江作为国内最缺粮的 8 个省份之一，更应该积极谋求发展国际粮食采购业务。借助高度发达的电子商务市场体系，充分发挥宁波舟山自由贸易港区大宗商品的全球配置能力，努力将粮食的国际化采购打造成为浙江省粮食市场未来的重要组成部分。

2)改变方向

浙江省应在现有的平台基础上增加国际化粮食采购新模块，逐步完善平台功能；利用大数据、云计算等技术不断向指数、金融、资讯等高端业态进行衍生，持续为供应商和采购商搭建一流的增值服务体

系,深化平台的国际采购能力。同时,以宁波舟山自由贸易港区建设
为契机,强化主体合作,鼓励国际供应商入驻,进而保证国际粮食采购
的持续、稳定。

2.2.7 金融、信息、物流等增值服务需求

1)发展现状

"互联网＋"推动转型升级,粮食产业对金融、信息、物流等增值服
务的需求愈加强烈,主要有以下几个原因。一是粮食企业长期面临融
资困境。由于粮食收购的特殊性,收购资金需求量大、周转周期长;又
因抵押担保不足,得不到银行的资金帮扶,各类金融增值服务的缺乏
使得粮食企业面临资金链断裂的风险,持续经营举步维艰。二是信息
资讯不全面,价格服务不完善。传统粮食产业信息化程度非常低,大
量价格、交易数据仍分散在粮食产业链众多参与者手中,信息壁垒现
象严重。截至 2016 年 9 月,国家粮食交易中心公布的国家及地方性
"政策粮"交易的 1 000 多条公告中,贸易粮交易公告仅 12 条;全面的
价格采集系统及价格监测系统还未形成,因而无法提供完善的价格指
数分析、需求预测等服务。粮达网仅以行业资讯的形式发布各类价格
数据 3 000 余条。三是物流服务效率低下,仓储服务缺口严重。目前
我国没有形成整合的物流供应链,缺乏粮食现代物流信息平台,物流
通道不畅难以满足精准调控需要,运输方式落后直接导致浪费严重。
据调查,我国粮食产后物流中损失浪费量约占总产量的 8%～10%。
粮食仓储严重供给不足,收储设施仓容建设速度赶不上粮食收储数量
增加的速度,仓储设施地区布局不平衡也造成局部地区仓容相对
紧张。

2）改变方向

浙江省依托自身电商平台，以做好交易平台的基础业务为前提，积极拓展金融服务，开发或购买成熟有效的在线信贷模型，解决粮食企业资金短缺问题，实现产业链上的共赢；建立全面的粮食价格指数系统，及时采集、处理、分析和发布粮食收购、销售、价格、质量及需求等综合信息，促进粮食产销衔接、品种结构调剂，引导和稳定粮食市场供需；统筹全国交易数据，适时选择合适地点建设现代化仓储设施，同时引导传统经销商、零售商共享物流、仓储，搭建整合的信息化物流体系，为入驻平台的各方参与者提供高效物流仓储服务。

2.3　本章小结

本章主要讲述"智慧粮食"的国内外发展状况及市场需求情况，阐述了"智慧粮食"在互联网时代背景下已成为世界各国关注的焦点。在发达国家，利用信息化贯穿粮食生产、收购、仓储、加工和管理的全过程。通过实现数字化、网络化和智能化，来实现粮食生产和流通的全过程质量安全控制，是国外粮食质量安全科技发展的趋势。同时也讲述了我国现阶段对"智慧粮食"建设的不足和存在的主要技术与市场难题，从而进一步说明加快"互联网＋智慧粮食"电商营销生态圈建设的迫切性。

第3章 "智慧粮食"战略定位与总体模式

3.1 战略定位

浙江省紧紧围绕杭州国家粮食交易中心现有的政策资源、供应商/采购商资源、网络资源和粮食交易互联网化的发展理念,通过"'互联网＋智慧粮食'电商营销生态圈研究"项目的实施,充分利用交易品类扩展、交易模式创新、数据化运营等方式,推进基于"政策粮"模式的横向扩展,促进"社会粮"模式的纵向深化发展,推动中远期现货、国际业务的创新发展与完善,并不断向指数、金融、资讯等高端产业链进行衍生,通过构建以粮食交易为基础的生态体系,将杭州国家粮食交易中心打造成为一家基于粮食行业的集交易、金融、指数、仓储和数据等业务为一体的互联网服务企业。

1)打造以 B2B 为主、B2C 为辅的粮食现货交易平台

(1)不断做大"政策粮"B2B 交易服务,发挥现有市场网络与技术优势,创新机制体制,加快对周边地区"政策粮"市场的拓展与整合。

(2)着力推进"社会粮"B2B 交易,深入分析市场痛点,以增值服务为主要途径,吸引采购商与供应商入驻,做大"社会粮"交易规模。

(3)以大 C 客户为主,逐步推进"政策粮""社会粮"的 B2C 交易,

有效激发实体市场商户、网上商户的主动性与创造性。

　　2）打造面向中远期现货、国际采购交易的粮食创新服务
　　平台

　　该平台以稻米交易、菜籽油交易为重点，总结发展基础与优势，加快推进面向即期现货、中远期现货交易平台的成立，提供国内有影响力的价格指数服务，成为稻米等品类国内交易的核心平台。强化优势主体合作，搭建国际粮食采购交易服务平台，以金融等增值服务吸引交易双方入驻，积极申请进出口牌照与配额指标，强化自营型采购业务。

　　3）打造面向粮食行业的数据服务平台

　　基于现货交易平台、垂直稻米交易平台及国际采购平台的顺利运转，不断积累粮食交易各方的交易、支付、供应链、仓储和物流等数据，结合数据服务商不断挖掘的价值信息，推动产业链向金融、运营和信用等高附加值业态拓展，实现交易平台的跨越式发展，推动杭州国家粮食交易中心逐步转变为一家以交易为基础，以数据为内核，融合线上线下的粮食行业互联网服务企业。

3.2　总体顶层概念设计

　　"'互联网＋智慧粮食'电商营销生态圈研究"项目总体概念设计如图 3-1 所示。

　　"'互联网＋智慧粮食'电商营销生态圈研究"项目总体形成"1 个项目""5 类应用""12 种模式"的概念架构，通过整合"5 类供应商"资源、"N 类服务商"资源，为"6 类客户"提供服务，同时，兼容"3 类互联

互通机制",为"'互联网＋智慧粮食'电商营销生态圈研究"项目的良性发展提供支持与保障。

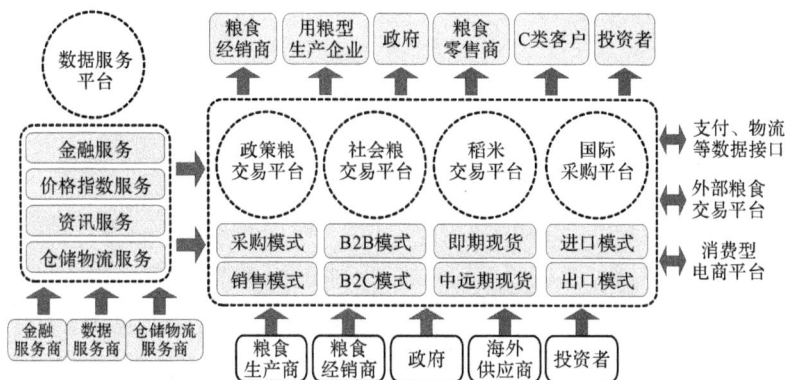

图 3-1 "'互联网＋智慧粮食'电商营销生态圈研究"项目总体概念设计

1)"1 个项目"

"'互联网＋智慧粮食'电商营销生态圈研究"是杭州国家粮食交易中心与互联网融合创新发展的项目统称,项目涉及平台通过金融、价格指数、资讯和仓储物流等增值服务的提供,为粮食交易过程中的生产者、经销商、零售商、投资者和消费者创造价值。

2)"5 类应用"

"'互联网＋智慧粮食'电商营销生态圈研究"项目主要包括在"政策粮"交易、"社会粮"交易、稻米交易、国际采购、数据服务等 5 个领域进行应用。其中,"政策粮"交易平台是指为国家、省区市的政策性粮食采购提供交易服务的平台;"社会粮"交易平台是指为市场化的口粮供给流通提供交易服务的平台;稻米交易平台是指面向稻米领域开展即期现货、中远期现货的垂直化交易,打造全国核心交易平台;国际采购是为粮食的进出口提供交易服务的平台;数据服务平台是指在积累一定交易数据的基础上，通过对数据的挖掘与分析，向金融、价格指数、物流仓储和信用等领域的产业延伸提供服务的平台。数据服务平台是"'互联网＋智慧粮食'电商营销生态圈研究"项目中后期发展的核心所在。

3）"12种模式"

"12种模式"是指"'互联网＋智慧粮食'电商营销生态圈研究"在"政策粮"交易平台、"社会粮"交易平台、稻米交易平台、国际采购平台、数据服务平台5个领域开展的12种不同类型的应用模式，其中"政策粮"交易平台2种、"社会粮"交易平台2种、稻米交易平台2种、国际采购平台2种、数据服务平台4种。

4）"5类粮食供应商"

"5类粮食供应商"是指粮食生产商、粮食经销商、政府、海外供应商、投资者，是"'互联网＋智慧粮食'电商营销生态圈研究"项目重点招商对象。其中，粮食生产商是指粮食的生产加工主体，包括种植大户、农业生产企业、粮食加工厂等；粮食经销商是指从事粮食收购及批发流通业务的商户，包括粮食的收购商、各类批发商、分销商等，该类主体是本平台的主要供应商；政府是指管理政府粮食储备的相关部门，主要通过储备粮轮换及投放市场的方式成为粮食交易供应商；海外供应商是指国外的粮食生产商、经销商，通过粮食进口的方式，成为供应商；投资者则主要是对应中远期现货市场的，在稻米交易模式中，投资者会拥有粮食的未来权益，通过买进卖出成为非严格意义上的供应商。

5）"N类服务商"

"N类服务商"是指以数据服务商、金融服务商、仓储物流服务商、系统软件服务商和运营服务商为主要代表的服务商群体，数据、金融、运营等的核心服务商由平台建立紧密型战略合作关系,仓储物流、系统软件等领域的服务则可采用与第三方进行合作的方式进行。

6)"6 类客户"

"6 类客户"是指粮食经销商、用粮型生产企业、政府、粮食零售商、C 类客户和投资者,是"'互联网＋智慧粮食'电商营销生态圈研究"项目的主要服务对象。其中,粮食经销商是指入驻到平台的粮食采购企业,主要为粮食的批发商与收购商;用粮型生产企业主要是指购买粮食用于继续再生产的企业,如酒厂、饲料厂、食品厂等,通过平台采购可以降低成本;政府主要是指执行国家、省、市储备粮采购的相关部门,其采购的规模稳定,是平台启动阶段的良好保证;粮食零售商是指从事零售业务的商业主体,如超市、小卖部等;C 类客户主要是指企业集团、学校、医院、餐馆等大 C 类客户(学校、大型企业等),后期随着项目的进展,也可以针对若干优势品类进行个人消费者的业务拓展,销售粮食产品;投资者是指在中远期现货等交易中,为了赚取差价而存在的投机性交易者。

7)"3 类互联互通机制"

"3 类互联互通机制"的设计,主要是为"'互联网＋智慧粮食'电商营销生态圈研究"项目的可持续发展提供可能方向和服务支持。规模效应是互联网经济的重要特征,也是"'互联网＋智慧粮食'电商营销生态圈研究"项目做大做强必须要面对的问题,通过设定互联互通机制,能够为"'互联网＋智慧粮食'电商营销生态圈研究"项目做大做强提供方式和途径。一是数据接口。在"'互联网＋智慧粮食'电商营销生态圈研究"项目实施初期,通过开发各类数据接口,加大对各类服务商、供应商资源的整合力度和客户需求信息的集成力度,即通过集聚初步形成规模效应。二是外部粮食交易平台整合。通过数据合作、业务合作、技术合作和地区合作的方式，加强与国家、其他省区市粮食平台，以及市场化粮食交易平台的合作，实现货源、客户和数据的共享协作，做强影响，做大市场。三是电商平台。即"'互联网＋智慧粮食'电商营销生态圈研究"项目在进行产品分销与零售时，可通过与大型消费型电商平台合作，成为大型电商平台的粮食产品资源整合商。

3.3　建设目标

　　浙江紧紧围绕现代粮食流通产业发展要求和省粮食行业"十二五"发展规划，深化信息技术在粮食流通各个领域各个环节的应用，全面推进粮食流通管理和产业发展信息化建设。到 2015 年，初步构建起以信息基础设施先进、信息资源充分开发、技术应用快速发展为主要标志，以数字化政务、精确化业务、信息化商务、网络化服务为主要内容的"智慧粮食"基本框架，形成结构完整、功能齐全、安全稳定、信息共享、多级联动和覆盖全省的较为完善的粮食流通管理信息化体系，信息资源开发利用和社会服务水平全面提升，支撑粮食宏观调控科学决策和产业发展转型升级的能力大幅提高，全省粮食信息化水平居全国前列。

3.4　建设内容

　　"'互联网＋智慧粮食'电商营销生态圈研究"项目的建设内容为深入推进"智慧粮食"建设，重点任务是实施"1234"工程，即打造 1 个中心:粮食流通管理数据中心,建设两个网络:政务业务内网、商务服务外网,开发3个平台:政务业务平台、物流商务平台和公共服务平台,形成4个体系:粮食共享应用体系、一体化信息服务体系、信息化标准体系和信息安全体系。其主要内容如下所述:

1)综合信息基础设施建设

充分利用省政府政务内网资源,建设完成覆盖省、市、县三级粮食行政管理部门并延伸至骨干粮食库点的纵向网,同时省、市、县三级分级各自建设并完善机关内部局域网,形成纵向网与分级局域横向联合网互联互通的"一纵三横"的浙江省粮食流通管理骨干信息网络。完善系统外网建设,满足公众信息服务、商务物流应用和视频会议等应用需求。

2)粮食流通管理数据中心建设

浙江通过开发并完善统一数据接口的主要业务管理系统,整合各类业务数据信息资源,着重建设粮食行政机构类数据库、粮食从业人员类数据库、粮食企业类数据库、粮食企业信用类数据库、粮食购销加存基本数据库等一批粮食信息资源基础数据库群,逐步完善形成全省粮食管理数据存储、处理、分析和服务中心,并依据管理权限分别建立省级中心和市级分中心。以此为基础,建成以地理信息系统(Greographic Information System,GIS)技术应用为核心的全省规模以上的粮食经营主体基础数据动态监测体系,建设粮食应急指挥、宏观调控、预警预报和决策支持等系统,数据信息的积累基本满足粮食流能管理和社会服务的需要,信息资源得到深度发掘和广泛利用,信息产品日益丰富。

3）政务管理信息化建设

政务管理信息化建设，以提升行政效能、降低行政成本、提高服务水平为宗旨，分步、分级实现粮食行政管理部门机关办公自动化及网上权力公开透明运行，实现机关内部行政管理数字化、流程标准化、办公网络化、信息公开化；完善省、市、县三级政府门户建设，推进政务公开，完善网上办事和交流互动功能；依托 PKI（Public Key Infrastructure）平台、CA（Certificate Authority）认证、电子印章、传输加密等技术，建设全省粮食行政管理部门电子公文交换系统，结合办公自动化系统，实现跨平台、跨部门的信息互联互通和业务协同，实现公文流转无纸化、档案管理电子化；建设省市粮食部门视频会议系统。

4）业务管理信息化建设

要完成业务管理信息化建设，就要建设业务协同、多级联动的一体化粮食政务管理和粮食业务管理统一平台。在此平台下，依据业务门类，开发完善统一数据接口的主要业务管理系统，包括粮食流通监督检查政务系统和储备粮管理系统和粮食流通统计系统、仓储企业登记备案系统、粮食市场监测系统、财会核算审计系统、粮食质量监管系统、业务资格管理系统、粮食收购管理系统等，实现粮食行政管理和主要业务管理的网上运行，全面提高行政效能、流通监管和宏观调控支持能力。支持和鼓励仓储企业粮库信息化系统（包括粮情测控统）、物流企业感知物联网技术、加工企业全过程自动控制等待业信息化技术项目的试点和推广应用。

5）粮食信息化服务体系和物流、商务信息化应用项目建设

深化信息资源的开发应用，支持和鼓励电子商务、网上粮店等项目建设，形成一批为管理者、经营者、消费者、生产者提供优质高效服

务的信息化项目,健全信息一体化服务体系。重点支持开发建设好食汇精品粮油导购服务网、南方小麦网电子交易系统、粮食物流公共服务平台、天下粮缘网电子商务平台、区域性粮食银行电子交易网络化平台项目。

6)信息化标准体系建设

结合系统开发,分步研究制订信息网络和硬件设备技术标准、粮食行业信息数据源采集基础标准、信息分类和编码数据标准(包括流通统计管理、仓储管理、储备粮管理、粮情管理等)、信息技术应用标准(包括电子政务、电子商务、粮食物流、GIS应用、物联网等)和信息化安全技术标准,逐步形成粮食信息化标准体系,促进资源共享,鼓励先行先试,提高信息资源整体开发利用效率。

7)信息安全体系建设

在实现资源共享和开发利用的同时,我们要确保网络与信息运行安全。也就是说,要建立信息网络安全监管组织领导机制,形成全省统一的信息安全直辖市管理体系。研究制订粮食系统信息与网络安全管理和技术措施,加强对基础信息网络和管理住处系统的安全保护和监督管理。确保必要的安全设施投入,定期对信息网络进行安全保密性能综合测试与评估,充分利用加密、集中控制等技术手段,切实加强安全防范体系建设。

8)自主创新知识产权成果建设

通过边开发、边推广、边应用、边总结,归类形成一批信息化技术应用、技术集成、技术标准等自主创新技术成果,并通过国家发改委和国家粮食局及科技、知识产权等部门的认证,在行业上起到引领和示范作用,并产生一定的社会和经济效益。

3.5 总体运营模式

"'互联网＋智慧粮食'电商营销生态圈研究"项目总体采用杭州国家粮食交易中心主导、专业团队运营、多种企业广泛参与的运营模式。

1)杭州国家粮食交易中心主导

杭州国家粮食交易中心负责平台的总体战略绪论、资金保障、团队组建、核心服务商招募对接、战略合作方引入,以及其他"'互联网＋智慧粮食'电商营销生态圈研究"项目重大决策事项的决定等。

2)专业团队运营

"'互联网＋智慧粮食'电商营销生态圈研究"项目可成立独立项目公司,采用代运营等方式,由专业运营企业负责平台的整体搭建与运营。根据项目发展需要,可引入数据、金融等领域战略合作方,合作方应在风险模型、挖掘算法等方面具有成熟的经验与较强的技术人才。

3)多种企业参与

(1)需要有周边地区粮食交易中心的参与,充分利用各地的业务资源与供应商、采购商资源,为平台提供发展的空间;

(2)需要实体粮食经营商户、网上商户的加入,不断丰富交易品类,增加交易的可选择性;

(3)仓储物流、软件系统等服务供应商,依托"'互联网＋智慧粮食'电商营销生态圈研究"项目软、硬件系统参与到项目的运营中。

3.6 本章小结

　　本章主要讲述"智慧粮食"战略定位与总体模式的设计,包括战略定位的具体方案,也包括对"智慧粮食"总体模式设计的原则与主要内容的介绍。同时,对总体模式的建设目标及系统的总体架构进行全面系统的阐述,讲述总体的顶层概念设计内容和建设内容,对"智慧粮食"总体的运营模式也有较为系统的阐述。

第4章 "智慧粮食"系统总体设计方案

4.1 设计原则

1)统筹规划,资源共享

浙江省"智慧粮食"工程建设涉及面广、工作量大、技术含量高,必须按照规范、标准的要求,统筹规划,理顺各种关系,避免重复建设,从而建立全省统一网络平台、统一应用平台、统一接口标准,促进资源共享。

2)需求主导,讲求实效

浙江省粮食行业突出自身粮食特色,不盲目仿效其他行业,不盲目贪大求全,做到与实际现状、工作需求、技术趋势、待业发展密切结合,实用有效,切实可行,急用先行,适度超前,力争在一些关键领域取得重点突破,力求实效。

3)突出重点,有序推进

信息化建设周期长、范围广,必须从实际出发,分类要求,逐步实施,突出重点、上下联动,选定有限目标,取得经验,以点带面,逐步推广;同时,实行统分结合,上下互动,鼓励有条件的市、县、企业分门别类地先行先试,率先进行信息化先进技术和管理模式的开发应用,取得经验后全省推广。

4.2 总体架构

根据浙江省"智慧粮食"工程的建设目标和建设内容，基于 SOA（Service Oriented Ambiguity，面向服务的构架）规范，本书采用云服务的理念和云计算的技术，将系统总体架构设计如图 4-1 所示。

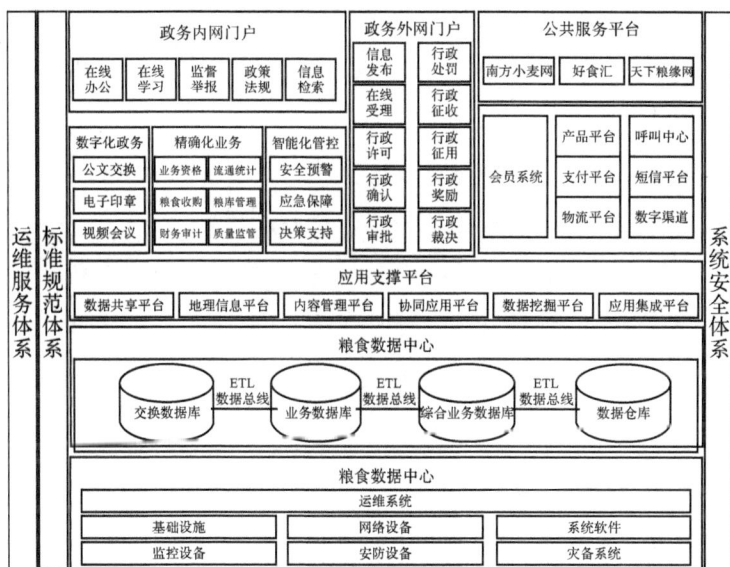

图 4-1 "智慧粮食"系统总体架构

1）系统基础平台

系统基础平台是满足系统稳定、高效、安全运行所需要的，包含以下几个方面。

（1）基础网络：基于省政务内网资源，浙江省建设完成覆盖省、市、县三级粮食行政管理部门并延伸至骨干库点的政务内网；基于运营商宽带资源建设向管理相对人提供服务的政务外网;政务内网和政务外网间,根据电子政务网络信息安全建设的保密要求,采用隔离网闸进行安全隔离;基于运营商互联网资源建设服务社会公众的公众网络,公众网络与政务内网和政务外网之间实现完全的物理隔离。

(2)基础设施,即数据中心机房建设所需的动力配电系统、空调新风系统、消防报警系统、弱电控制系统、机柜系统及防雷系统。

(3)网络设备,即网络路由、安全、监控等设备。

(4)物联设备,即向粮库、物流设施等提供实时监测所需的监控设备和感知设备。

(5)存储设备,指提供海量数据存储和备份等功能的设备。

(6)灾备系统,用于存储备份设备及异地容灾方案。

(7)运维系统,用于对系统网络状况、硬件设备运行和软件运行进行实时监测,保证系统稳定高效的运行。

(8)系统软件,包括操作系统、GIS 中间件、应用中间件和数据库平台等。

2)粮食数据中心

粮食流通管理数据中心的建设集集中式和分布式于一体,管理中心负责管理全省的粮食流通数据资源,并负责进行统一维护,但对于有条件的市、县可以设立分布式中心,为省粮食流通数据管理中心承担辖区内粮食流通的数据维护和对外共享服务工作。

3)应用支撑平台

应用支撑平台主要包括地理信息平台、数据共享平台、协同应用平台、内容管理平台、数据挖掘平台及应用集成平台。应用支撑平台起到承下启上的作用:"承下"是指其基于数据中心,提供数据关联、处理和转换等服务;"启上"是指其为上层应用系统提供数据整合和共享、公共组件访问、统一用户权限、统一内容管理、统一地理空间及数据挖掘分析等服务。此外,应用支撑平台也为系统与外部系统、外部资源提供交换和集成服务。

4)数字政务平台

数字政务平台主要包括办公自动化系统、数字证书认证系统、电子公文交换系统、电子印章签章系统、视频会议系统及权力阳光系统。数字政务平台以政府权力数据库为核心,综合采用协同应用技术,构建起覆盖政府内部办公、横向和纵向的电子公文交换及政府权力透明运行的所有政务处理的信息化系统,实现单点登录、统一门户、集成办公的用户体验。

5)精确业务平台

精确业务平台主要是指省、市、县三级粮食行政管理部门由权力延伸的业务管理及政府直属的粮食储备体系的垂直业务管理支撑平台,主要包括业务资格管理系统、粮食行政执法监督及信用系统、粮食地理信息系统、粮库管理信息系统、粮食收购管理系统、储备粮油管理系统、粮油流通统计系统和财会核算审计系统等,与数字政务平台集成政府内网门户,实现办公业务一体化的用户体验。

6)智能决策平台

智能决策平台主要包括粮食监督检查系统、粮食预警及应急指挥系统和粮食决策支持系统,是数字政务平台与精确业务平台自然延伸的高端应用平台。其综合采用地理信息技术、物联网技术、视频监控技术及数据挖掘技术打造集电子化监控、智能化预警与应急指挥为一体的信息化支撑平台。

7）应用门户展现

应用门户包括政务内网门户、政务外网门户及电子商务门户3个部分，政务内网门户作为访问系统应用服务的单点登录入口，为不同角色的用户群体提供协同办公、相应的数据和应用服务；政府外网门户作为体现服务型政府的一个窗口，主要是面向社会公众的，提供新闻动态、可公开粮食政务公开信息的查询浏览、办事指南、在线办事、投诉举报等功能。电子商务门户为社会公众和商务会员访问粮食公共服务平台的单点登录入口，为他们提供粮食产品物流、交易和便捷支付等服务。

8）公共服务平台

粮食公共服务平台是粮食行业采用俱乐部体制与其管理相对人或者说与其会员之间互动和交流的平台，是政府通过市场化手段整合资源，为其管理相对人提供更为优质和高效的商务服务平台。有了该平台，就能够更好地促进地域经济及粮食产业的发展，其主要包括产品服务平台、物流服务平台、支付服务平台及渠道服务平台，提供电子商务、市场监管及整合营销服务。

目前，已建成"好食汇"精品粮油导购服务平台，支持建设"南方小麦网"与"天下粮缘网"等粮食电子交易和商务平台，实现了粮食网上实时在线交易功能。

9）标准规范体系

标准规范建设对上述工程项目的顺利实施起着先导作用。该工程涉及粮食流通管理业务数据采集、综合库及数据仓库建设、四大应用平台建设、安全体系建设、管理和运维体系建设。这些建设内容均需要标准规范的支撑，据此拟建立四大标准体系：数据规范、体系规范、接口规范、运管办法。在工程建设初期，数据规范是重点完成的体系。

10）运维服务体系

（1）运维服务体系包括粮食流通管理数据中心整体维护计划的制订、执行、监督检查和更新完善。

（2）粮食流通管理数据中心维护团队建设，包括管理中心的人员职责、专业人才培养、各类技术支持公司的服务外包及其服务职责。

（3）粮食流通管理数据动态更新的法律法规保障，技术层面的数据共享服务制度。

（4）预警应急事故的应急处置预案的建立。

（5）数据备份容灾制度、数据安全保密制度及责任追究等制度。

（6）粮食流通数据管理中心其他日常管理规章制度。

11）系统安全体系

系统安全体系从物理层安全、网络层安全、系统层安全、应用层安全和数据层安全等方面为整个系统的安全提供保障。

（1）物理层：设置监控设备、消防安全设备、安防设备、防雷系统、中心机房空调设备等。

（2）网络层：设置基于政务内网与公众网络的物理隔离，网络防火墙、入侵检测设备和网络运行监控系统等。

（3）系统层：系统软件定期安全补丁及更新，系统管理员、数据库管理员强密码认证和定期更新制度保障。

（4）数据层：执行数据双机热备；数据备份策略，根据不同数据的安全要求，制订每天、每周、每月的定时备份计划；定期刻盘或异地容灾备份。

（5）应用层：①身份认证。按保密局的强密码要求，或者结合市委市政府已建设的 CA 系统。②授权体系。应用功能、数据访问范围等。③管理模式。管理员、审核员、安全监督员三重管理模式。④日志审计。用户登录、数据浏览、下载、编辑、删除、应用程序访问、数据交换等。⑤数据传输。B/S程序采用https方式传输，C/S程序在不影响性能的前提下加密传输。

(6)管理层：包括各项目管理制度，如安全管理规范、安全技术标准和安全运行标准等。

4.3 技术实现

根据浙江省"智慧粮食"工程总体架构，本书设计的系统总体技术实现架构如图4-2所示。

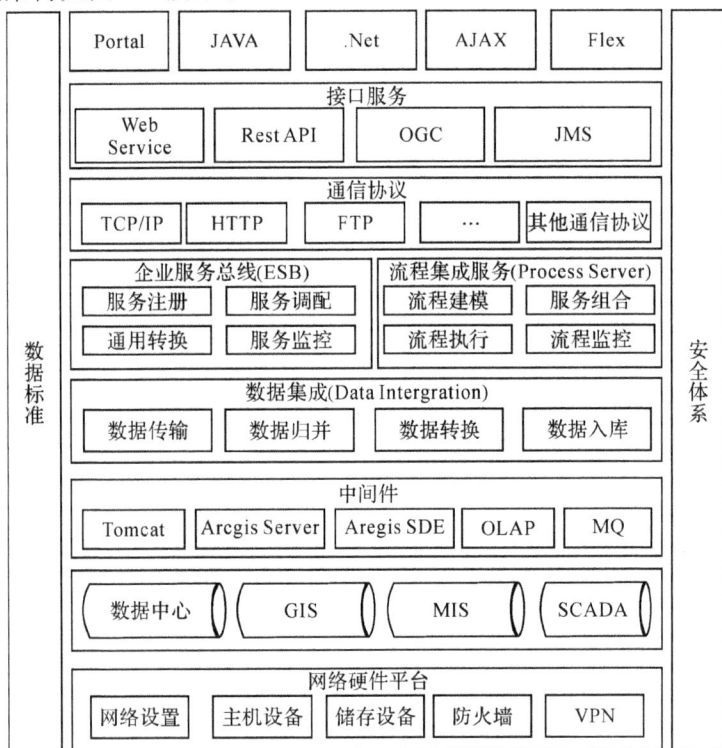

图4-2 "智慧粮食"工程系统总体技术实现架构

　　浙江省"智慧粮食"工程基于网络硬件平台、数据标准及安全体系，采用 SOA 架构理念构建技术架构。整个技术框架有如下要点：

　　(1)通过网络硬件平台中的网络设备、主机设备、存储设备及安全设备等实现符合实际要求的平台网络拓扑，并提供相应的存储、安全等基础设施服务。

　　(2)管理中心数据库以 Oracle 数据库软件为核心进行架设，支持空间数据、粮食流通数据的存储及集群。

　　(3)通过 Tomcat/Weblogic、ArcGIS Server 及 ArcGIS SDE、OLAP Server 及 MQ 等中间件提供应用部署、管理、空间数据访问管理、多维分析与数据挖掘及消息管理等组件服务。

　　(4)企业服务总线和流程集成服务是实现以服务为导向的 SOA 架构体系的关键。通过对各应用系统业务及场景的梳理、建模，使用 EJB 等技术实现各类服务，使用 SOAP，WSDL 来定义服务规范，这些服务在企业服务总线进行注册和管理，各异构业务系统通过企业服务总线来访问服务以实现服务共享。流程集成服务通过使用 BPEL，XPDL 等标准工作流定义语言来定义编排跨系统、跨部门的业务流程，并调用发布在企业服务总线上服务来完成业务流转，并实现相应的监控管理。

　　(5)通过企业服务总线发布的服务支持 TCP/IP、HTTP 协议，可以采用 Web Service，Rest 等接口形式。

　　(6)SOA 架构的上层应用系统可以采用 Java．Net，Flex 等平台语言进行开发，以便适应灵活的业务场景和要求。

4.4　标准规范

　　系统总体技术实现架构的设计和实施过程中，将充分遵循国家和行业制订的标准及国际上成熟的业界规范。这些规范具体如下：

(1)《国家信息化领导小组关于我国电子政务建设指导意见》；

(2)《电子政务工程技术指南》(国信办〔2003〕2 号)；

(3)《电子政务标准化指南—总则》(国标委高新〔2003〕7 号)；

(4)《国家电子政务网络相关标准》；

(5)GB/T 2312《电子政务信息资源目录体系与交换体系标准》；

(6)GB 17859—1999《计算机信息系统安全保护等级划分标准》；

(7)GB/T 8567—1988《计算机软件产品开发文件编制指南》；

(8)GB/T 9385—1988《计算机软件需求说明编制指南》；

(9)GB/T 13702—1992《计算机件分类与代码》；

(10)GB/T 11457—1995《软件工程术语》；

(11)GB 17859—1999《计算机信息系统安全保护等级划分准则》。

4.5　本章小结

本章主要介绍"智慧粮食"系统总体设计方案的主要原则和内容，其中原则主要体现在统筹兼顾及突出重点上，并对"智慧粮食"系统的总体设计进行有效的调整和改善，从而实现系统的合理运行。同时，对总体架构方面的主要内容也进行了详细介绍，包括各基础性平台、业务性平台、技术性平台和服务性平台的功能。对于实现该系统合理有效运行的网络技术、数据库技术也进行了全面的阐述。

第5章 "智慧粮食"各平台方案的具体设计

5.1 "智慧粮食"基础平台设计

5.1.1 总体设计

1) 基础平台

基础平台主要提供系统建设和运营所需要的中心机房、基础网络、网络设备、服务器设备、存储设备、备份设备和系统软件等。

第一,基础平台的设备选型和建设,主要考虑以下4个方面。

(1) 安全因素:机房物理安全、网络安全和数据安全。

(2) 系统承载量:包括用户量、并发访问数、应用计算负载需求、服务器性能、存储和备份容量、网络压力、负载均衡需求、系统软件性能。

(3) 单点故障:由于核心设备损坏或应用压力造成的服务中断。

(4) 海量数据及计算:包括系统涉及的海量基础空间数据、综合管线数据和专业管线数据,以及对海量数据的展现、传输、空间分析计算和模型模拟计算的能力。

第二,基础平台按以下现状或需求为参照进行设计。

(1) 基础网络的情况与第4章系统基础平台下的基础网络相同。政务内网与政务外网间的数据交换可通过数据拷贝、摆渡等技术实现。

（2）网络设计：划分核心网络区域和普通网络区域，核心网络区域部署系统关键网络设备和硬件设备，防止网络负载或其他情况造成系统核心服务中断，并且关键设备应进行热备设计。

（3）数量容量：根据业务调研情况，整体业务数据量约为200G，每年应考虑有2～5G的增量，再考虑基础地理信息约300G，后期监控数据和其他专业数据的集成，系统整体存储和备份应以10T为目标，应设计易拓展的存储形式。

（4）系统压力及对策：压力主要体现在用户量和并发访问估算（政府内网部分）上，省、市、县三级粮食行政主管单位及扩展的储备粮库总量按100家估算，每个单位按日常平均20人使用系统，整体用户量大约为2 000了，系统真正的活跃用户大约为300人，并发访问量估计在100左右。内网部分承载系统核心数据和应用服务，服务压力大，可通过以下几个方面进行设计：

①数据库服务器：选择2台高性能的小型机作为数据库服务器，部署企业版Oracle 11g平台（含RAC模块），2台数据库服务器间作为集群，以起均衡数据服务负载的作用。

②应用服务器：根据不同的应用系统单独划分专用应用服务器，专门提供数据交换共享服务、业务服务和决策服务等，防止由于不同应用系统部署在同一台应用服务器上而产生故障骨牌效应。应用服务器根据其提供应用服务的压力，可考虑部署集群，集群可通过应用中间件完成或者通过硬件负载均衡设备完成（例如F5负载均衡设备）。

③空间数据引擎（ArcSDE）：系统提供的空间数据浏览、编辑维护、存储、分析、3D模拟等功能都需要通过ArcSDE与数据库连接，势

必会造成 ArcSDE 的数据访问压力,可以根据 ArcSDE 的压力情况进行负载均衡部署。

④应用系统设计:主要提供数据查询浏览的服务,应基于 B/S 架构,并采用 AJAX 等技术减少网络负载量和服务器端压力;提供专题制图、空间分析、数据维护、数据转换等服务的应用,宜基于 C/S 架构,由客户端承载数据的计算工作,减少服务器端计算压力。

5.1.2 机房建设

粮食流通管理数据中心机房建设的设计思想是:严格按照机房建设的规范标准设计,建设先进的供配电系统、智能便捷的集中监控系统、安全的消防系统,建立一个"绿色、舒适"的机房环境。在系统设计中充分考虑布局的合理性、机房的安全性、可维修性和可扩充性,使机房设计具有超前意识和较高的科技含量,并且考虑今后增加设备所需的空间、动力和空调,能够满足今后发展的需要。

由于数据中心机房是服务器、网络设备与安全设备的安置地点,因此必须及早对其进行设计施工,以保证浙江省"智慧粮食"工程的顺利实施。

数据中心机房的建设内容主要包括建筑装修改造系统、动力配电系统、空调新风系统、消防报警系统、弱电控制系统、机柜系统、防雷系统等七大部分。

1)建筑装修改造系统

建筑装修改造系统是整个机房的基础,需要为新增设备的机房及设施进行改造,为放置机架、服务器等设备预留空间,并合理布局。

2)动力配电系统

计算机系统是由计算机设备、外部设备、辅助设备和工程工艺设备等四大部分组成。因此,计算机机房的供配电系统就是为满足这四大部分的要求,为保证获得稳定、可靠的电源而服务的。计算机设备供配电系统提供电源的质量好坏,直接影响着计算机系统工作的稳定性和可靠性。

3)空调新风系统

由于机房里存放着大量并且密度非常高的 IT 设备,必然产生热量,这就对空调系统提出了更高的要求。要保证设备的可靠运行,又需要机房保持一定的温度和湿度。

4)消防报警系统

消防报警系统是机房必不可少的一个安全保障。机房消防必须采用无腐蚀作用的气体自动灭火装置。气体自动灭火装置的灭火性能可靠,不损坏电子设备,暗管布方式安装,不影响机房整体效果。消防报警系统的设计主要包括火灾自动报警系统的设计、消防灭火系统的设计和消防联动系统的设计等。

5)弱电控制系统

弱电控制系统是整体机房的神经中枢。整体机房控制室具有高度自动化的特点,它要求以最少的维护人员,运用最优化的运营维护手段,来实时监控机房中每一个设备所处的物理环境。其中的门禁系统、机房集中监控系统和安保系统等,要实现对整个机房进行无死角的全方位监控。

6)机柜系统

建设机柜系统,集中放置和管理服务器和网络设备,有助于节约机房空间,提高显示器等设备的复用度,加强对设备的管理。

数据中心对机柜的需求表现在 4 个方面:热量管理、线缆管理、机柜电源分配、兼容性及其他先进性能。良好的机柜系统有助于解决机柜应用中的高密度散热、大量线缆敷设和管理、大容量配电及全面兼容不同厂商机架式设备这些难题,从而使数据中心能够在高可用的环境下安全运行。

7)防雷系统

网络防雷是一个不容忽视的问题,雷击常会带来网络硬件(MODEM、网卡、路由器等)损坏、数据通信中断等危害。因此,一定要选择一个专业的系统防雷方案,这不仅可以保证网络设备、网络数据的安全运行,同时也为机房操作人员营造一个安全的工作环境。

5.1.3 网络设计

浙江省"智慧粮食"工程的组网总体框架是在网络内部网络采用单核心、双引擎双电源架构;采用星形网络拓扑结构方式向外展开连接;采用交换技术、高带宽技术,在主干网络采用 10 000M 的网络技术,形成高速的网络骨干;在网络的接入层利用交换技术为每台工作站提供独享的 1 000M 带宽。

网络总体架构如图 5-1 所示。

(1)主干区域设计。粮食流通管理数据中心内部网络核心层设备作为宽频网络的骨干,必须能够提供快速的数据交换和极高的永续性,从备份和负载分担角度选用单核心、双引擎;从设备角度考虑,选用交换性和可靠性极高的高端路由交换设备,支持电源冗余、风扇冗余、分布式转发等特性。同时,降低核心设备配置的复杂度,减少出现运行错误的概率。

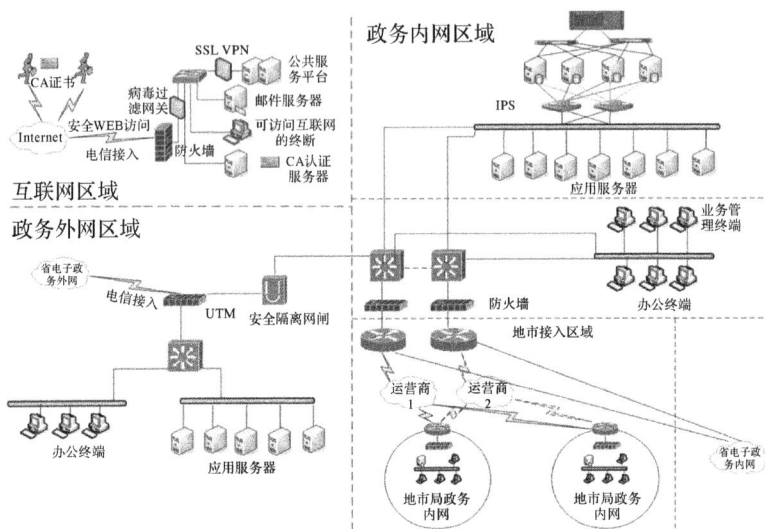

图 5-1 "智慧粮食"工程网络总体架构

在此网络中,我们将采用由冗余引擎、冗余电源、冗余链路连接的核心路由交换机,打造网络平台的核心部件,以此来确定整个网络各项业务数据流量的高速数据路由和转发,从而提高整体网络的稳定性与可靠性。

(2)接入区域设计。采用接入层交换机设备连接网络终端用户及省政府政务内网。

(3)网络核心区域在设计中包含以下几个方面。

①采用 1 台核心路由交换机,提供万兆接口、万兆主干带宽,负责整个网络各项业务数据流量的高速数据路由和转发。

②实现灵活的安全策略部署,为内部网络、数据中心和网络边界等不同区域提供不同的安全防护。

③提供 QoS(Quality of Service,服务质量)策略部署,保证关键网

络应用数据流量的优先、高速和稳定传输。

④支持网络管理策略,实现对整体网络资源运行状况的监控。

(4)办公区域包括以下几个方面。

①需提供高带宽、高容量及高密度线速转发网络接入设备。

②能够有控制地访问数据中心服务器群资源。

③组建网络管理区域,安装网络管理软件,实施分布式部署,实现对网络资源;系统服务运行状况的监控。

(5)接入层区域包括以下几个方面。

①网络接入层设备需提供高带宽、高容量及高密度线速转发网络接入设备。

②接入层网络采用交换机,通过万兆光纤和核心交换机分别级联以保证主干链路的万兆带宽。

③鉴于安全和应用的需要,终端接入层设备需支持接入安全策略,如 ARP 解析。

④源地址检测和 DHCP 侦听等功能,限制终端非法配置静态 IP。

⑤支持远程安全接入,连接各级单位。

5.1.4 网络管理

根据本网络设计要求,政务内外网需要对网络出口进行安全控制和管理,而且需要用户访问进行控制,对网络数据流量进行安全管理,有效解决网络接入安全问题。还需要考虑到对系统实施信息管理,在能够对用户终端进行适当控制的同时,也能够对服务器运行状态进行统一的状态管理。

在政务内网配置 2 套应用服务器,分别安装网络管理软件。其中 1 套应用服务器安装网络管理软件,搭建备份环境,使得主管理服务器宕机时,不会让整个网络环境瘫痪,影响网络运行,导致业务中断。

5.1.5 服务器系统

1)数据库服务器

本书推荐使用两台 IBM POWER 750 小型机服务器,组成系统政务内网数据库系统服务器双机高可用性集群。

每台数据库服务器利用两块 4GB 光纤通道卡,通过全冗余备份连接的方式分别连接到两台光纤交换机上,实现与 1 台 IBM DS5100 磁盘阵列柜的互联,同时达到冗余备份的目的。

推荐使用两台 IBM POWER 550 小型机服务器,组成系统政务内网数据库系统服务器双机高可用性集群。

每台数据库服务器通过两块 4GB 光纤通道卡连接到 1 台 IBM DS5020 磁盘阵列柜中,达到冗余备份的目的。

2)应用服务器

本书推荐使用 7 片 IBM HS22 刀片服务器组成系统政务内网应用服务器。

推荐使用两台 IBM POWER 550 小型机服务器组成系统外部网络应用服务器(与政务外网数据库服务器共用)。

3)前置机

本书推荐使用 IBM System x3850 X5 服务器组成系统与市、县级储备粮库前置机。

4)备份服务器

本书推荐使用 1 片 IBM HS22 刀片服务器构成系统备份服务器,用于实现对系统平台中数据库的数据的安全备份,以及可以安装防病毒软件。

5）管理服务器

本书推荐使用 1 片 IBM HS22 刀片服务器构成系统内网管理服务器；1 片 IBM HS22 刀片服务器用于备份，保证在主服务器出现故障时，能够自动实现服务器的功能切换。

5.1.6　存储系统

1）设备选型

系统中最为宝贵的财富就是数据，要保证业务持续的运作和成功，就要保护基于计算机的信息。人为的错误、硬盘的损毁、电脑病毒和自然灾难等都有可能造成数据的丢失，给用户造成无可估量的损失。计算机系统业务数据丢失是一场大灾难，会导致系统文件、业务数据的丢失，业务就难以正常进行，必会造成极大损失。

考虑到产品的可靠性、稳定性、扩充性和性价比等因素，在本书推荐使用 IBM 5020 磁盘阵列柜、8 块 7 200 转 SATAII 2TB 硬盘，存储系统的重要业务信息数据。

2）部署方式

对于 IBM 5020 磁盘阵列柜配置的硬盘，7 块 SATAII 2TB 硬盘做成分布式奇偶校验的独立磁盘结构（RAID5），其中一块做热备份硬盘。当保存数据的 7 块硬盘中任意一块出现故障时，热备份硬盘会自动接管故障硬盘的工作，同时磁盘阵列柜会发出警告，提示管理员更换硬盘。这样即使在更换新硬盘前再损坏一块硬盘，也不会丢失数据。

5.1.7 备份系统

1）设备选型

为保证系统局域网数据的安全、可靠，避免由于人为或系统软、硬件的故障造成不必要的经济损失，在本方案中可选用专业级备份软件在制订备份策略的前提下对数据进行备份，并将其存储在虚拟磁带库中。

2）部署方式

通过在指定备份服务器上安装专业级备份软件，在数据库服务器上安装 Oracle Agent 软件，并制订备份策略实施备份，将重要数据备份至磁盘存储阵列或虚拟磁带库上。

3）远程容灾

浙江省"智慧粮食"工程投入运行以后，将 7 天×24 小时提供各类服务。政府工作具有不可中断的特性，因此除了对关键应用（如数据库服务）采用群集技术、对所有重要数据每日采用磁带备份，还建议设立一个异地容灾机房，用于防止一些不可抗拒的破坏性因素如火灾等对系统的破坏与中断。

异地容灾系统是指在数据中心以外建立另外的数据备份系统，作为容灾备份中心。这种容灾备份中心可以根据需要，全部或部分、实时或短期地恢复主站点的系统和数据。

从整体来考虑的话，本书建议依托专网的建设，利用宽带运营商现有的机房，建设小规模的容灾机房，以保证在发生重大灾害时，管理中心的关键应用系统能继续运行。

5.1.8 系统软件

系统需要使用的系统软件见表 5-1。

表 5-1 系统需要使用的系统软件统计表

序号	类型	选型	说明
1	操作系统	IBM AIX(随小型机附带)	用于数据库服务器
		Windows Server 2008 或 RedHat AS 5.0	用于应用服务器
2	数据库	Oracle 11g 企业版	含 RAC 模块
3	应用中间件	Tomcat 7/Weblogic 10	
4	GIS 平台	ArcGIS Server Enterprise Advanced V10	ArcGIS 服务器,含 SDE、Web 发布等组件
		ArcGIS Desktop	客户端
		ARCGIS-DATA INTEROPERABILITY-CON	互操作模块
		ARCGIS-SPATIAL-CON	空间分析模块
		ARCGIS-3D-CON	3D 展现模块
		ARCGIS-NetWork Analyst-CON	网络分析模块
		ARCGIS-TRACKING-CON	追踪模块
		ARCGIS-SCHEMATICS CON	语义分析模块
		ArcGIS Engine-Developer Kit-V10	开发环境
		ArcGIS Engine-Runtime-25 Pack	运行环境
5	应用整合中间件	IBM WBI Message Broker	
6	消息中间件	IBM WebSphere MQ	

5.2 "智慧粮食"数据中心设计

5.2.1 运行机制建设

根据对工程的理解,我们先需要建立粮食信息格式标准,根据相关标准建立适合的系统数据库,并建立起完整的数据更新维护机制。

1)运行机制标准建设

制订数据共享与安全管理办法。数据共享管理办法为获取各粮食流通子系统的业务数据提供行政依据;数据安全管理办法防止数据滥用和隐私泄露等情况发生,确保数据得到安全管理。

(1)建立数据中心的运行管理机制,特别是共享数据的采集、更新和发布机制,以及流通节点提供数据和获取数据的机制。

(2)建立公共数据元标准、代码标准。

(3)建立数据交换技术标准和接口规范,确保数据互联互通。

2)保密安全防范措施

(1)必须有严格的权限设置功能。为方便用户,此设置应尽可能灵活。

(2)数据安全。系统应具备保证数据安全的功能。重要数据,系统只能提供有痕迹的更正功能,预防有人利用计算机犯罪。

(3)重要数据资料要遵守国家有关保密制度的规定。从数据输入、处理、存储和输出都要进行严格审查及管理,不允许通过流通节点追溯子系统进行非法扩散。

(4)重要保密数据。要进行加密处理后再存入机内;对于存贮磁性介质或其他介质的文件和数据,系统必须提供相关的保护措施。

(5)数据交换共享时提供(输出或产出)的数据必须符合国家、行业和地方有关数据标准。

5.2.2 数据库建设

在粮食流通体系建设过程中,我们可以采集并动态维护的数据主要是粮食流通数据。可通过人工采集、数据共享交换等多种方式建立粮食流通体系数据中心,为宏观决策提供数据支持。对粮食流通数据进行集中管理,保证数据的一致性、准确性和完整性,从而为政府部门提供基础数据支持。数据库建设分为 5 个部分:

第一,采集数据库。

第二,交换数据库(包括前置数据库)。

第三,核心数据库。

第四,元数据库。

第五,元数据库维护。

1)采集数据库

系统为每个没有独立部署系统的流通节点(如农贸市场、团体消费单位等)提供 Web 数据填报方式,由各流通节点直接在网上填报粮食流通数据,填报的数据保存在各追溯子系统中,子系统按时与粮食流通追溯中心库进行交换。

采集过程通过在数据交换平台完成,采集到的数据统一被存入一个临时库,通过比对、核实后进入实际的粮食流通追溯中心数据库。

2)交换数据库

交换数据库主要包括如下几方面:

(1)与中央追溯管理平台的交换。

(2)各追溯子系统与粮食流通追溯中心库的交换。

(3)产销对接核心企业的信息系统与粮食流通追溯中心库的交换。

3)核心数据库

核心数据库及粮食流通追溯中心数据库,存放着粮食流通过程中的类中信息,包括各节点信息、检验检疫信息、检测信息和交易信息等。

核心数据库还包含城市追溯管理平台信息及各流通追溯子系统提供的相关信息。因此系统将通过共享交换方式实现数据入库。

4)元数据库

元数据是对数据的描述,因本系统涉及的部门多,信息复杂,需要对各部门相关数据信息进行描述,形成元数据库,便于以后系统的扩展。

元数据对于数据的管理、使用和共享均有重要的作用。具体作用可以归纳如下:

(1)帮助数据管理者有效地管理和维护数据,建立数据文档。

(2)提供有关数据存储、数据分类、数据内容和数据质量方面的信息,便于用户查询检索环境数据。

(3)提供通过网络对数据进行查询检索的有效方法或途径,包括与数据交换和传输有关的辅助信息。

(4)帮助用户了解数据,以便对数据能否满足其要求做出正确的判断。

(5)提供有关信息,以便用户处理和转换自己所需要的数据。

制订粮食信息的元数据规范后(XML Schema),每个业务数据库的元数据就是一个 XML 文件。元数据采用 Web 服务的方式来发布。

Web 服务是可以使用标准因特网协议进行访问的可编程应用程序逻辑。用户可以通过普遍的 Web 协议及数据格式访问 Web 服务,比如超文本传输协议(HTTP)和可扩展标记语言(XML)。此外,Web 服务接口根据 Web 服务接受和生成的信息进行严格的定义。只要可以创建和使用 Web 服务接口定义的消息,Web 的使用者就可以用任何编程语言在任何平台上实现编程。元数据发布服务提供了一个跨平台的检索元数据的编程接口,这个接口为其他数据库的用户提供了一个访问元数据的通道,这样编辑好的元数据内容就可以从数据库中发布到网络上了。

粮食元数据库及元数据库规范的建立,是整个粮食核心信息库维护和管理的基础,包括数据查询模板,都是通过元数据直接设定各个模板的查询条件、查询结果、关联数据表、关联条件和操作步骤等。本书认为,针对元数据内容,要形成一个行业标准,并利用 XML Schema 的形式定义下来。

5)元数据库维护

(1)元数据维护,即对系统内的粮食信息元数据进行管理和维护。元数据采集平台是整个元数据标准化工作的起始点。数据采集人员通过此平台将收集、发现和提取到的元数据录入并提交审核。同时在此平台中用户还能对已失效的元数据提出废止申请,或对已发生变化的元数据提出更新申请。

在整个数据仓库环境中,可以通过元数据管理工具从各个数据仓库组件中收集元数据,存储到元数据库中,然后向商务局用户传递和展示正确的信息。采集、集成和描述元数据可以扩展到十分广泛的范围,可以在设计和建模的过程中,可以在数据转换、清洗和过滤的过程中,也可以在数据移植的过程中。

(2)灵活配置:因为流通节点追溯子系统数据库中可以共享的数据都只是一部分,所以对需要进行共享的数据资源的格式进行元数据采集。元数据的采集将提供手工采集和自动采集两种模式,通过这两种模式可保证元数据维护的灵活性。在手工采集模式下,元数据采集人员需要自行录入或导入相关元数据的内容;在自动模式下,每当共享信息资源发生改动都会向元数据采集系统发送消息。

5.2.3 数据运行管理

1)基础信息数据模式

粮食业务数据库的建设包括两个方面:一个是数据采集,一个是数据交换。但其主要核心是数据交换,数据交换同时也是数据共享的基础。数据交换是基于星型结构的,需要集成的数据在进入平台时转化为统一的数据格式,在离开平台时由相应的接口转换成专有数据格式。

另外,从数据库构造角度分析可将粮食信息数据库划分为采集库、交换库及综合库。从功能角度分析,可将粮食流通管理数据库系统划分为基础数据采集系统、数据交换系统、运行管理与监控系统。

2)粮食信息数据管理系统

在没有数据标准的时候,对于同一个数据字段,数据中心会保存多个来源的版本。系统提供工具、服务来展现数据的不一致性,数据管理员根据工作制度及相关规则,进行比对、冲突检查、数据审核和数据转换。当数据达到一致性、完整性的要求时,数据将由采集库转存到粮食流通追溯核心库中,并通过数据交换系统以订阅/发布的方式提供给各业务部门使用。

当数据有冲突时,由数据中心核实数据的真实性,并通过系统进行反馈,将相关修改内容通知各流通节点,实现对流通节点某些数据的更新。

粮食信息数据管理系统维护一个面向对象的公共数据模型,公共数据模型是公共数据标准规范的实现。公共数据维护系统控制着公共数据的输入和输出,为数据质量把关。

3)运行管理与监控系统

为方便对数据中心的管理和维护,需要一套功能完整的运行管理与监控维护系统。运行管理系统主要提供给数据中心的系统管理人员使用,用于保证数据中心的安全可靠和高效运行。其功能主要包括面向安全性的用户管理、权限管理和密码管理,也包括面向可用性的节点管理和状态监控,以及面向运行管理机制的信息管理等。

5.3 "智慧粮食"应用支撑平台设计

5.3.1 GIS

GIS 经过 40 多年的发展,到今天逐渐成为一门相当成熟的技术,并且得到了极其广泛的应用。尤其是近些年,GIS 更以其强大的地理信息空间分析功能,在 GPS 及路径优化中发挥着越来越重要的作用。GIS 是以地理空间数据库为基础,在计算机软、硬件的支持下,运用系统工程和信息科学的理论,科学管理和综合分析具有空间内涵的地理数据,以提供管理、决策等所需信息的技术系统。简单地说,GIS 就是综合处理和分析地理空间数据的一种技术系统。

GIS 在最近 30 多年内取得了惊人的发展,广泛应用于资源调查、环境评估、灾害预测、国土管理、城市规划、邮电通讯、交通运输、军事公安、水利电力、公共设施管理、农林牧业、统计和商业金融等几乎所有领域(加测绘、应急、石油石化等国民经济各个领域)。以下具体说明其在各个领域内的作用。

(1)资源管理(Resource Management)。主要应用于农业和林业领域,解决农业和林业领域各种资源(如土地、森林、草场)分布、分级、统计和制图等问题。

(2)资源配置(Resource Configuration)。在城市中各种公用设施、救灾减灾中物资的分配、全国范围内能源保障、粮食供应及其在各地的配置等都是资源配置问题。GIS 在这类应用中的目标是保证资源的最合理配置和发挥最大效益。

(3)城市规划和管理(Urban Planning and Management)。空间规划是 GIS 的一个重要应用领域,城市规划和管理是其中的主要内容。例如,在大规模城市基础设施建设中使用 GIS,保证绿地的比例和合理分布,保证学校、公共设施、运动场所和服务设施等能够有最大的服务面(城市资源配置问题)等。

(4)土地信息系统和地籍管理(Land Information System and Cadastral Application)。土地信息系统和地籍管理涉及土地使用性质变化、地块轮廓变化、地籍权属关系变化等许多内容,借助 GIS 技术可以高效、高质量地完成这些工作。

(5)生态、环境管理与模拟(Ecological, Environmental Management and Modeling)。区域生态规划、环境现状评价、环境影响评价和污染物削减分配的决策支持,环境与区域可持续发展的决策支持,环保设施的管理、环境规划等都可通过 GIS 技术实现。

(6)应急响应(Emergency Response)。在发生洪水、战争、核事故等重大自然或人为灾害时,GIS 可以帮助安排最佳的人员撤离路线、并配备相应的运输和保障设施等。

(7)地学研究与应用(GeoScience Research and Application)。地形分析、流域分析、土地利用研究、经济地理研究、空间决策支持、空间统计分析和制图等都可以借助 GIS 完成。

(8)商业与市场(Business and Marketing)。商业设施的建立要充分考虑其市场潜力。例如,大型商场的建立如果不考虑其他商场的分布、待建区周围居民区的分布和人数,建成之后就可能无法获得预期的市场和服务面。有时甚至商场销售的品种和市场定位都必须与待建区的人口结构(年龄构成、性别构成、文化水平)、消费水平等结合起来考虑。GIS 的空间分析和数据库功能可以解决这些问题。房地产开发和销售过程中也可以利用 GIS 进行决策和分析。

(9)基础设施管理(Facilities Management)。城市的地上地下基础设施(电信、自来水、道路交通、天然气管线、排污设施、电力设施等)广泛分布于城市的各个角落,且这些设施明显具有地理参照特征。对它们的管理、统计和汇总都可以借助 GIS 完成,而且可以大大提高工作效率。

(10)选址分析(Site Selecting Analysis)。根据区域地理环境的特点,综合考虑资源配置、市场潜力、交通条件、地形特征和环境影响等因素,在区域范围内选择最佳位置,是 GIS 的一个典型应用领域,这充分体现了 GIS 的空间分析功能。

(11)网络分析(Network System Analysis)。建立交通网络、地下管线网络等的计算机模型,研究交通流量、维护交通规则、处理地下管线突发事件(爆管、断路)等应急处理,以及警务和医疗救护的路径优选、车辆导航等都是 GIS 网络分析应用的实例。

(12)可视化应用(Visualization Application)。GIS 以数字地形模型为基础,建立城市、区域,或大型建筑工程、著名风景名胜区的三维可视化模型,实现多角度浏览,这一功能可广泛应用于宣传、城市和区域规划、大型工程管理和仿真、旅游等领域。

在本系统中,可以采用 ERSI 公司的地理信息系统平台,便于与南京智慧城市进行对接与数据交换。

5.3.2 共享服务平台

1)建设目标

数据共享服务平台是本工程建设的一个重点任务,为浙江省"智慧粮食"系统使用者提供数据和应用共享服务。

(1)建设粮食流通管理数据共享服务相关标准体系。

粮食流通管理数据标准,既是数据共享服务平台建设的必要条件,也是数据共享服务平台的建设成果之一。该工程将梳理各权属单位粮食流通管理数据,结合数据共享需求,推动浙江省粮食流通管理数据共享服务相关标准体系的建设。

(2)实现粮食流通管理数据交换和动态更新。

为集中数据中心和分布数据中心提供双向数据动态更新机制服务,分布数据中心的各类粮食流通管理的更新数据可及时汇总至集中数据中心,集中数据中心中的更新数据也可分发至各分布数据中心,保持双方数据的完整性、准确性和即时性。

集中数据中心作为数据共享服务的主体方,集中提供粮食流通管理的数据和应用服务,分布数据中心不提供数据的共享和应用服务。

(3)为管理相对人及社会公众提供数据应用服务。

为管理相对人及社会公众提供粮食可流通公开数据的查询浏览服务,增强服务型政府的能力。

2)平台架构

数据共享服务平台面向不同的用户,根据用户角色与权限进行数据、功能、界面的定制与配置,主要内容包括图 5-2 所示的几个部分。

图 5-2 数据共享服务平台总体架构

　　数据共享服务平台根据粮食流通数据标准、各相关职能部门的管理需求，以及数据保密等要求，为各类型用户群体提供目录服务、数据服务和应用服务等，实现粮食流通数据的共建共享。

　　(1)目录服务：提供元数据服务，包括注册、查询和发现这3部分，便于服务提供方注册服务，接受服务方查询并发现目录服务内容。如提供服务方、信息权属单位、定位信息、数据的密级、数据的发布时间、数据采集方式、数据质量精度、数据格式、数据内容说明、数据使用说明和获取数据服务的方式等。

　　(2)数据服务：提供数据查询、综合分析、获取和展现的访问接口服务。

　　(3)应用服务：直接面向最终用户或应用系统提供应用程序服务，具备GIS基础的查询服务、采集录入、分类输出和空间分析等功能。

　　(4)接口服务：根据不同应用程序、不同服务内容提供目录服务、数据服务和应用服务的访问接口，接口采用业内成熟的技术标准；并针对特殊的异构数据或应用，开发针对性的适配器接口。

　　(5)系统服务：对服务的内容、方式、性能和安全等方面进行管理，评估分析不同服务的提供方和请求方、服务内容，以便对服务功能、系统性能做进一步的优化。对于上述服务，以下会具体描述。

　　第一，目录服务。

　　目录服务是粮食流通管理数据共享的基础，是数据提供者和数据使用者的纽带。目录服务的设计遵循OGC目录服务规范，着重于采用WSDL，SOAP等Web服务标准实现粮食流通管理元数据目录服务。

　　(1)目录服务结构。

　　如图5-3所示，目录服务的主要功能分为发现、访问和管理功能，

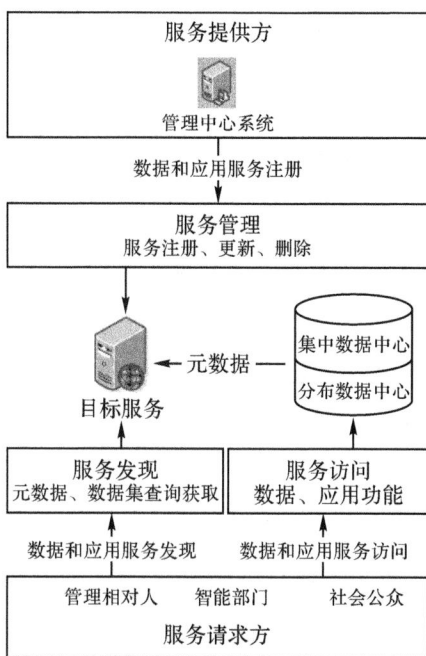

图 5-3 系统目录服务结构

其中：

①发现功能允许客户端（用户或应用程序）定位所需数据，包括用元数据关键字搜索特征集合、查询数据集等，为目录服务必须实现的功能；

②访问功能包括直接访问和代理访问两种方式，提供数据高层操作功能；

③管理功能提供对目录的注册、更新和删除功能。

（2）目录元数据。

目录服务提供的元数据信息包括：①资源名称；②资源标识符；③资源分类；④资源摘要；⑤权属单位；⑥资源负责方；⑦资源提供方；⑧资源需求方；⑨资源获取方式；⑩空间坐标系；⑪信息字段；⑫数据格

式；⑬ 数据量；⑭ 地理覆盖范围；⑮ 数据质量信息；⑯ 参照信息；⑰ 资源更新时间；⑱ 资源权限级别；⑲ 资源受用对象；⑳ 资源发布者；㉑ 资源发布时间；㉒ 数据的存储位置；㉓ 数据名称；㉔ 数据类别；㉕ 数据访问方式；㉖ 活动图层；㉗ 提供服务的访问地址。

（3）目录服务接口设计。

目录服务根据 OGC 目录服务规范提供基于 Web 的目录服务接口，用以实现用户和目录之间的发现、发布及访问等交互功能。主要接口有 OWS-Common，WRS-Retrieval，CSW-Publication 等，分别用于实现基本 OWS 服务、针对目录的发现及发布等功能。

第二，数据服务。

（1）交换部署方式。

如图 5-4 所示，数据交换以采用交换中间服务器和交换前置机的方式实现，兼容在线交换和离线交换两种方式。

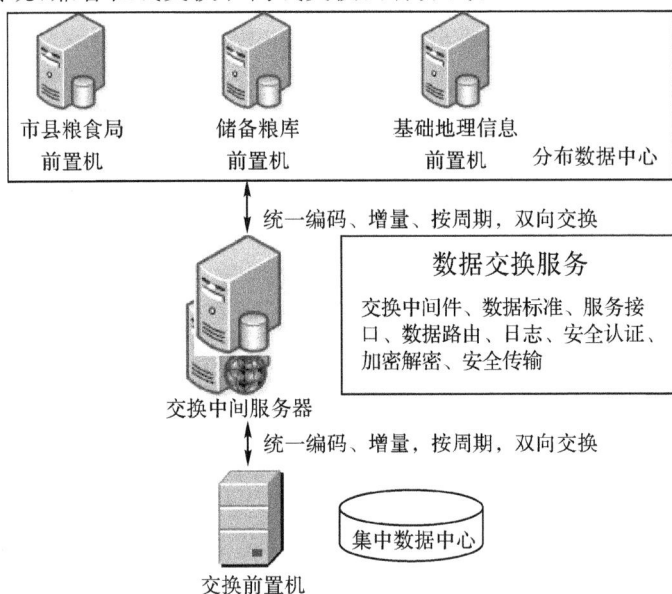

图 5-4　数据交换部署方式

①交换中间服务器环境规范。交换中心设在管理中心的中心机房,根据交换功能和性能要求,对所需的网络、服务器、数据库等做出配置要求,规范交换中间服务器的命名规则、各项配置要求。

②单位前置交换机环境规范。对各单位前置交换环境所需的网络、服务器、数据库等提出配置要求,规范前置交换机器的 IP 地址、交换节点服务器的命名规则和各项配置要求。

③数据交换服务。数据交换服务基于数据交换中间件,提供根据数据标准配置需要交换的内容、数据路由、数据传输、加密解密和认证权限等服务。

④数据动态更新。集中数据中心和分布数据中心各自采集和更新的数据,通过数据交换,进行增量、定期双向交换,建立双方的数据动态更新机制。

⑤离线交换。未接入政务内网的单位或其他职能部门,根据数据标准或双方定制数据适配器,通过数据拷贝等离线传输方式完成数据交换。

(2)交换模式。

系统建设采用集中式和分布式结合的数据中心,通过数据共享服务平台实现集中式与分布式的数据交换,数据交换拟采用两种模式:

第一种是主动拉取式,由集中式中心主动发现分布式中心数据的变化,根据变化内容主动拉取更新部分;或者分布式中心主动发现集中式中心数据的变化,根据变化内容主动拉取更新部分。这种方式可在要素层进行,有利于数据的实时交换,但由于系统间要相互直接访问,破坏了系统间的相对独立性和安全性。

第二种是主动推送式,集中式中心或分布式中心的数据被发现变化后,主动发布变化的内容供对方拉取。这种方式主要在数据版本层进行,可保证系统间的独立性和安全性,但无法体现数据交换的实时性,会造成最新数据的不同步,需要通过管理手段作为技术手段的补充。

上述两种方式可在工程建设过程中,根据具体情况进行选择。

(3)数据的定制与配置。

根据不同数据服务对象的角色与权限,提供默认的定制数据服务及用户配置的数据服务(如果有权限)。

(4)数据服务安全性。

数据服务的安全性主要体现在以下几个方面:

①参与数据交换的安全认证体系:基于系统统一的安全体系,对可获得不同类型数据服务的服务请求方进行验证。

②数据服务授权:根据请求方的角色与权限、数据密级,提供相应的数据服务。

③数据加密传输:管线数据在经过网络进行传输和交换时,必须进行加密和签名,防止外泄或恶意篡改。

第三,应用服务。

应用服务主要包括数据信息的采集更新、查询浏览、统计、分析、编辑、输出和发布等各项功能。

第四,接口服务。

服务接口层对目录服务、数据服务和应用服务进行封装,根据不同的用户或应用程序提供不同的访问方式的接口,提供时应遵循现有或通用的技术标准,如 SOAP Web 服务、REST 风格的 Web 服务、OGC 标准的服务,或按需求提供定制的应用程序 API 或标准控件技术,方便第三方根据其自身业务需求或技术路线进行选择。

数据共享服务平台的服务接口属于本工程标准规范建设范畴,应在项目建设过程中予以丰富完善。主要接口应包括:

①目录服务的发现、访问和维护等接口。

②数据请求、查询、浏览、下载和转换等接口。

③数据交换的提交、撤销、检查、签收、接收、回退和交换状态查询等接口。

④应用服务的功能分解、获取、组装和集成接口。

⑤元数据定义获取接口。

⑥组织架构获取接口。

⑦身份认证与授权接口,包括与 CA 认证中心的访问接口。

第五,系统服务。

(1)服务日志。

①管理中心管理员可以查看数据共享服务平台的各种日志记录。

②操作日志记录所有用户在访问数据共享服务平台时所执行的各种操作,如服务的注册管理、请求的数据服务、数据更新服务、访问的应用功能等。

③引擎日志记录数据交换中间件引擎的工作信息。

④错误日志记录平台的各种错误信息。

⑤随着时间的积累,日志信息量将会变得很大,占用大量存储资源,严重影响平台性能。管理员可以指定日期,删除陈旧的日志数据。

⑥清理日志只会删除数据库中的日志记录,不会删除日志文本文件。管理员可以手工备份和清理相应的日志文本文件。

（2）安全管理。

系统基于统一的基础安全体系，从数据存储备份、用户身份认证与授权、网络安全和数据加密传输等方面提供安全保障。

（3）消息服务。

系统通过消息中间件，面向管理员、数据交换参与方等用户提供服务异常、数据交换等提醒功能。

（4）统计分析。

系统对数据共享服务平台中的交换数据量、数据交换频率、不同数据被请求服务的次数、数据提供方和请求方参与数据交换的频度等数据进行综合统计分析，有利于我们对系统资源进行合理化的分配，鼓励受欢迎的数据提供方建立更为有效的数据共享互惠模式。

5.3.3 数据挖掘平台

1）平台概述

数据挖掘平台集智能查询、定制报表、多维分析及仪表盘功能于一体，突出"以简制胜、以智创新"，为最终用户提供直观友好的人机界面；通过最简单的操作将数据转换成蕴涵价值的知识，使管理者与决策者得到更及时有用的决策信息，帮助用户获得竞争优势。

2）客户价值

数据挖掘平台可以使工作人员按照他们自己的需要，利用其强大的平台功能来挖掘有价值的数据信息。他们可以在他们需要的任何时候和任何地方，通过仪表盘轻松获得有价值的数据信息，如各种智能查询结果、统计分析报表，以及通过交互式的基于业务主体的多维分析能力，帮助用户获得竞争优势。其具体客户应用价值如下：

①帮助工作人员组织和展现业务数据，使它易于访问、分析和

探察。

②帮助管理人员确定和发现业务趋势,获得新的洞察点。

③帮助管理人员将视点集中在特殊的信息点上,突出显示需要立刻受到注意和重视的区域。

④帮助决策人员迅速找到解决业务问题的答案和业务发展方向。

3)应用特点

(1)创新的应用模式。

数据挖掘平台创新性地采用"建模—实施—固化—应用"的模式,将用户细分为两种不同类型的人员,即配置人员和使用人员,针对他们分别设计了相应的使用界面和应用功能,通过配置人员的使用,固化出各种应用资源对象,使用人员可以直接选取和组合这些应用资源对象,并提供进一步个性化的桌面定制功能,实现直接通过自己的仪表盘探察自己聚焦的组织数据,极大地降低了最终用户的使用难度,更加符合本土化的应用需求,从而实现为全组织提供一体化的数据探察环境,形成了"以简制胜、以智创新"的具有中国特色的商务智能应用环境。

(2)统一的风格界面。

数据挖掘平台提供了统一的风格界面,直观、易于熟悉,通过鼠标的简单操作就可以完成复杂的查询和分析工作。数据挖掘平台采用 Flex 2.0 技术,支持直接图表钻取功能,且使用浮动窗口式的仪表盘,使得展现的灵活性和定制性相得益彰。

(3)集成的应用体验。

与传统商务智能软件产品不同,数据挖掘平台提供了一个集智能查询、多维分析、定制报表和仪表盘功能于一体的集成化数据探察环境。其创新的应用对象资源化技术使得每一个应用对象都被资源化了,均被提供唯一的 URL 接口标识。用户在自己的应用系统中可以轻松集成这些应用资源对象,实现无缝整合。

(4)可靠的安全机制。

数据挖掘平台采用 Spring Security 2.0 作为保护项目资源的安全框架。该框架提供全面的安全性解决方案,同时在 Web 请求级和方法调用级别处理身份确认和授权这些问题。

(5)灵活的访问控制。

数据挖掘平台内置强大的可插拔式的访问控制组件,更易于与客户现有单点登录系统集成,可以灵活地自定义用户访问控制策略。可插拔式的访问控制组件技术确保本产品可以无缝地嵌入客户的产品或应用解决方案中。

4)系统功能

(1)报表制定。

第一,报表制定由两个部分构成:报表设计器和报表服务器(图 5-5)。

①报表设计器是基于桌面的一个应用程序。其设计和编辑报表,自带报表运算引擎,连接数据库后可预览及打印报表,并可生成其他格式进行保存。设计器不依赖于其他部分,可作为独立的工具使用。

②报表服务器,提供统计报表运算和数据填报处理的服务,报表被发布到报表运行平台上之后,可以自动转化成网络报表(Web 页面报表)。

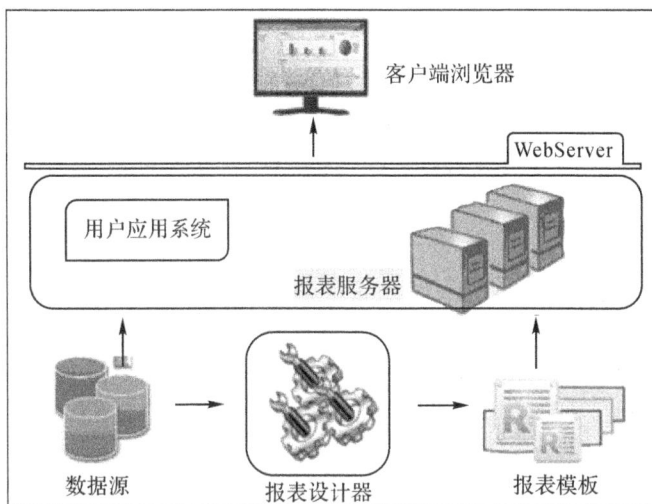

图 5-5 报表制定平台运营模式

第二,功能特点。

其一,类 EXCEL 报表设计。

其二,友好的报表设计向导,标准 SQL 编辑器,支持中文表达式。

其三,支持拖拖拽拽画报表。

其四,支持普通文本、图片字段/文件、子报表、HTML 文本等多种单元格数据类型。

其五,报表样式各不相同、不限子报表的嵌套层数。

其六,灵活快捷的分组汇总机制。

其七,支持多种条形码。

其八,报表内嵌统计图,完美实现图表结合、一表多图。

其九,支持在磁盘、数据库、指定 URL 中加载图片或程序中生成图片。

其十，拥有丰富的数据集、单元格函数和表达式，用户可随心所欲地控制报表的计算及展现，同时支持自定义函数。

其十一，参数、特色宏可以实现更加灵活的报表查询与定制服务。

其十二，特有的内建数据集，方便对脱机报表的浏览与调试。

其十三，提供统计图配色方案自定义及函数的编辑功能。

其十四，查询表单在设计器中轻松设计。

其十五，简单灵活的数据填报设计，让数据采集在 Web 上变得更容易。

其十六，底图描绘的套打报表，10 倍效率超越传统方式。

（2）智能查询。

智能查询有时又叫即席查询。智能查询的操作都在网页中实现。也就是说，不需要客户端程序，也不需要安装任何插件，就可以在网页中完成元数据定义、查询方案及查询界面显示方案的配置工作，所见即所得，用户即刻可获得任何查询方案的查询、统计和分析结果。其中功能特点包括：

①完全的 Web 应用。所有操作都在网页中完成，但不需要安装任何的浏览器插件。也就是说，只要有 Web 浏览器就可以配置随机的数据查询，没有额外的系统维护工作。

②基于业务视图的查询。对象定义将复杂、混乱的数据库信息转换成用户可识别的业务视图。智能查询就是基于业务视图创建的。由于业务视图屏蔽了数据库、无视了数据的复杂性，用户看到的都是业务术语、业务关系和业务含义，保证了智能查询的简单性和方便性。

③支持图表功能。智能查询除了展现查询数据以外，还可以依据模板绘制各种分析图表，让查询结果变得更直观。

④支持复杂运算。组合、汇总、比较、排序、筛选(包括提示筛选)和各种运算函数(包括自定义函数)等都可以在智能查询中进行。

⑤查询速度极快。智能查询底层引擎包括了一系列的优化算法和数据处理方式,保证用户在第一时间看到查询结果,而不需要等待后台数据的运算完成。

⑥保证数据安全。通过业务视图中的行级权限控制,保证不同权限的人查询到的数据范围不同。

(3)多维分析。

多维分析对用户的海量数据进行自由建模,并允许用户进行多角度、多层次分析,对海量数据分析达到实时响应,并借助各种图形对数据进行形象的展示。它的功能特点包括以下几个方面:

①在线分析。针对海量数据达到实时响应,用户可以随意对数据进行分析,不必为数据的响应时间而担忧。

②自由建模。用户可根据需要分析的主题建立所需的立方体,根据立方体配置所需的分析,不需要专业人工进行开发,即可快速地对各种主题进行分析。

③随意分析。支持按用户分析数据的角度组织数据,允许用户随意切换分析数据的角度,灵活地观察数据。

④数据钻取。支持用户对数据进行钻取分析,可以由高层维度钻取到低层维度,对同一维度数据进行多层次观察,并可以观察数据的构成。

⑤钻透明细。可以对数据进行宏观统计,也可以由宏观数据钻透到明细来追踪数据来源,查看数据形成的具体原因。

⑥数据过滤。支持用户对数据按传统方式进行条件过滤,也可以

对维度成员进行过滤，对某几个成员进行单独分析，达到切块和切片的效果。

⑦形象直观地展现数据。采用先进的 Flex 2.0 技术，以图形和表格相结合的方式探察数据，可以任意切换表格和图形的布局及图形的种类，支持直接图表钻取、切片和旋转，展现效果更加形象直观。

（4）仪表盘。

仪表盘是整个数据挖掘平台的最终用户使用界面，是非常直观的管理驾驶舱（Management Cockpit），为最终用户提供"一站式"（One-Stop）的监控和分析系统。其是最具个性化的体验。现今，仪表盘不再仅仅为决策人员所专有，运营经理、业务部门经理都可以通过仪表盘来直观地查看他们的业务活动。支持根据用户的需求来进行个性化操作。产品内置了大量页面布局模板，用户可以随意选取、组合和调整，可以按照自己每个阶段所关注的内容，配置仪表盘每个页面的内容，实现最佳的用户体验效果。

5.3.4 协同应用平台

协同应用平台主要提供以团队协作为目标的协作软件工具，如待办事宜、内/外部邮件、内/外部短信、通知、公告、工作日程、工作计划及统一的消息提醒服务器。

统一消息提醒服务器是将协同应用平台内置的多种消息提醒机制整合成一个统一的消息提醒服务器。该服务器不仅提供人机界面，实现手动输入消息提醒信息，而且为与之集成的各类跨平台应用提供统一的消息提醒服务接口，体现"信息找人"的协同应用理念。

协同应用平台的内部架构如图 5-6 所示。

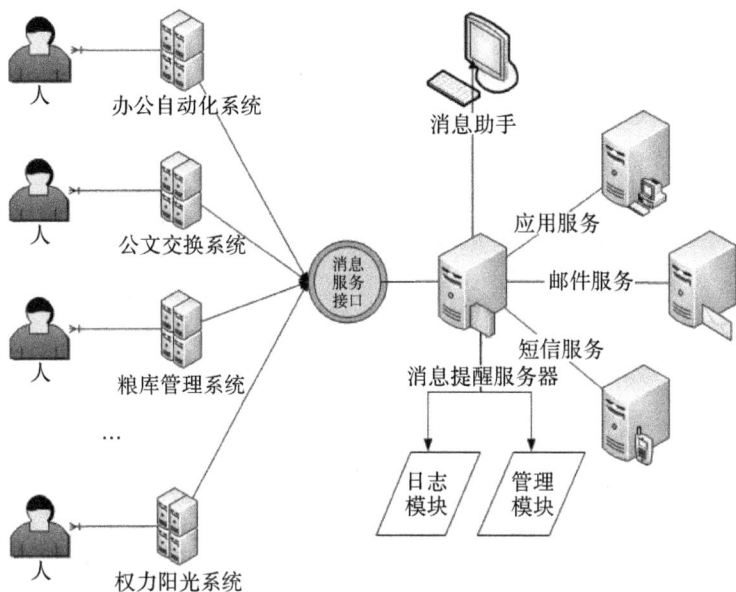

图 5-6 协同应用平台内部系统结构

该平台主要由以下几个部分组成：

①协同消息门户；②消息提醒服务器；③消息服务接口；④管理模块；⑤日志模块；⑥协同软件工具，如待办事宜、内/外部邮件、内/外部短信、通知、公告、工作日程和工作计划等。

5.3.5 内容管理平台

1)设计思想

(1)模块化设计。

一般的门户版面设计是固定的，尤其是栏目的增加与减少会对整个页面的设计产生影响，而作为实际的应用一般是不可能完全将栏目设置考虑周全的，尤其是门户的内容庞大而复杂。因此，我们需要考虑的是将所有的栏目完全模块化,系统可以自行添加模块,通过后台的配置工作即可在页面上自动显示该模块。

(2)平台化设计。

门户不只是一个信息传递的窗口,实际上还是一个内部办公的资源整合平台,可以整合各类资源信息,包括数据库信息、政务文件信息、各部门信息;同样也可以是各类应用系统,通过约定,在系统中将各类应用集成为系统的某个功能模块,此时只需要对配置文件进行修改就可以实现对整个功能的应用。

(3)元件化设计。

系统采用独特的界面、内容分离的设计思想,把门户中需要表现的各种内容以网页元件的方式封装起来,在美工设计界面完成以后,可以直接插入网页元件,在线生成动态网页。已经生成的网页,也可以改变元件类型、元件参数的方式在线修改。

(4)分布式信息采编。

门户涉及的信息来自各级部门,信息量之大、信息种类之多,使得传统的信息中心人员的维护方式越来越不适用。

本系统中将采用分布式信息采编模式来实现对门户信息的动态维护。系统可以动态指定每一个门户栏目的采集人员、审核人员和签发人员,这些人员来自各个部门。这样,就可以使信息的产生者成为信息的提供者,确保了信息的及时性、有效性和准确性,降低了信息中心管理人员的工作强度。

(5)开放型接口。

门户提供的大量信息都来自各部门,同时门户中的短信平台等功能又可以为各级部门提供通用服务。这些功能都可以通过门户中的开放型接口来实现。门户提供 Web Service 方式的信息上报接口,允许政府部门的 OA、门户直接调用,无缝上传信息资料,这提高了信息报送效率,简化了信息员的工作。

2)信息栏目

(1)粮食信息查询。

针对系统面向公共实际应用,在网页上输入流通节点编号或条码,可以查询流通交易和药检信息,包括产地、种植单位、批发商、零售商和是否药检合格等信息。

(2)粮食信息发布。

政府通过公共网,定期发布粮食的行情、供需、召回、预测等及时性信息,指导行业发展。

(3)通知公告发布管理。

政府通过公共网,定期发布食品安全生产知识、法律法规、行业标准和指导意见等。

(4)诚信经营。

政府通过公共网,定期发布诚信评定、诚信榜单和品牌推广等信息;企业可通过公共网,推广市场活动和宣传产品信息;消费者可通过公用网,发布投诉和建议信息。

3)门户前台主要功能

(1)网上投诉举报系统。

门户为注册用户提供以下功能:

①在线与服务人员进行点对点的交流;②直接通过表单提交问题;③短信、邮件定制便民信息;④对所有自己提出的问题可以进行跟踪;⑤管理自己的个人信息;⑥对处理问题的结果进行反馈;⑦满意度

调查;⑧检索便民知识库,一些常见问题自己解决。

(2)投诉举报。

公众可以在线填写投诉举报信息,可直接选择对具体部门进行投诉,也可不选择具体部门。

(3)状态查询。

系统提供给用户一个组合条件查询的功能,可查看已经提交的事项办理状态和通知信息。

(4)结果反馈。

各职能部门将处理结果反馈给举报人。

①在线留言:促进市民、企业和办事人员对项目处罚过程中的问题和意见的交流。提供两种交流方式,可以是实时的交流,也可以是留言方式的交流。

②视频新闻:播放重大事件、政务热点和领导讲话等流媒体视频内容。

③门户专题管理:用户可以通过门户来自己定制一些专题。

④网上调查:网上发布调查问卷,供市民投票、评论,后台可以灵活设置调查问卷。在系统网页上可显示当前调查的问题和往期的调查问题。

⑤网上投票:提供对网上投票器的管理,可以任意发起一起投票,投票内容可以自己定义,可以对投票结果进行查询。

⑥门户导航:系统自动生成门户栏目导航(或称为门户地图)。

⑦门户统计系统:可以按以下类别进行统计:

其一,汇总统计。

其二,信息采编工作量统计。

其三,按用户统计。

其四,按栏目详细程度统计。

⑧全文检索系统:提供全文搜索引擎,与系统实现无缝集成,可以快速搜索用户需要的各类信息。全文搜索引擎需准确、快速,适合为门户提供站内全文检索服务。全文检索系统具有支持海量数据的多并发的快速查询、按照相关性排序、关键词飘红、动态摘要和支持常用的搜索语法等功能和特点。

检索环境:不添加其他扩展功能(比如同义词搜索、专题优先排列、复合检索等),每次出 10 个结果,单词检索,非多重栏目选择,不进行数据库读写。支持每秒 20 次以上的并发的全文检索,增加文章数量到 300 万篇对性能的影响不是很大,适当增加文章篇幅对效率影响不大,采用更快主频的 CPU 和增加 CPU 个数对性能会有比较大的提高。性能指标:

以上是最优环境下的数据。在实际运行过程中,可通过 cache 的结果,在普通 PC 服务器下完成每日数百万次的全文检索。

对于要求不高的需求,在虚拟主机上即可完成。对于绝大多数应用,除了硬盘不需要额外的硬件投入、甚至可以节约出更多的 CPU 资源(撤换基于数据库的检索系统可以节约出更多 CPU 资源)。

4)内容发布平台

内容发布系统主要功能包括采集写稿、审核写稿、签发写稿、我发布的稿件、待审核稿件、待签发稿件、已发布稿件、评论管理、我的草稿稿件和回收站。

系统需提供内嵌页面编辑器,进行灵活的页面编辑,同时可以即时预览页面效果。对上传的文字、图片,按照统一的格式模板进行自动编辑,也可以按照实际需求更改文字的颜色、字体等等。模版格式包括字体、大小、颜色、行间距、列间距及图片尺寸。对上传的已经有格式的信息，可以选择是否保留原有格式，或套用规范格式。图片下方可以附带文字说明。需提供直接编写 HTML 代码的功能，可以通过编辑源代码实现所有的功能，包括直接修改文字、图片、声音、动画和视频文件的功能。

（1）信息发布。

①可视化编辑器，要求支持 ActiveX 控件，可从外部编辑器中自动粘贴图片和表格，并保持原格式信息（字体、字号和颜色）。

②对文档的标题可以进行简单的编辑，可修改标题的字体、字号和颜色等属性，并可自动计算标题字数。

③可以编辑各种图片属性，存储各种规格的缩略图，增加水印等，同时也能像文档一样分栏目管理，进行授权，流程审批，发布到门户上。

④图文混排编辑器的功能非常丰富，与 word 编辑器类似，操作方便；同时支持本地的文件处理，如 word 等文本抽取、在线 office 等特色功能。

⑤支持栏目间文档的复制、引用和移动。

⑥文档正文内容的关键词可自动生成超链接。

⑦系统会根据当前文档的内容自动抽取摘要和关键词，并且将抽取的结果直接显示在关键词和摘要文本框中。

⑧快速前台预览功能。

⑨支持静态发布和动态发布功能，提供单篇发布和计划发布，针对网页可进行远程发布。对于发布的信息可以设置显示时间范围。

⑩提供对门户信息内容的评论功能（按需开放，可在后台控制）。

⑪支持多附件上传，同时可以上传多个附件。

⑫支持大附件上传，可以上传大于 8M 的附件。

⑬支持对信息阅读权限的控制（目标用户的选择）。

（2）我发布的信息。

信息发布人员在此页面可以查看自己所发布的信息及其状态、发布的日期、发布过程等基本信息，也可以对信息进行再次修改和编辑。

（3）信息管理。

该页面显示所有已经采集发布的信息，用户可选择当前的功能模块对已发布的信息进行再次修改和编辑。

（4）扩展字段管理。

扩展字段主要用于信息发布时可以选择添加维护拓展字段，方便信息发布。

（5）敏感字管理。

该功能主要是实现把一些敏感的文字自动替换成预先设定的文字。

（6）信息导入导出管理。

通过导入导出信息管理功能，实现在本站内信息备份、转移等功能。

5.3.6 应用集成平台

根据浙江省"智慧粮食"工程的总体设计，应用集成平台为整个应用系统提供应用集成和界面集成服务，这些集成服务将在不同层面把各平台系统有机集合起来。应用集成平台主要提供诸如身份认证、安全认证和日志审计等基础服务，同时结合各平台业务场景和实际业务需要提供相关业务服务；界面集成是面向展现的，将通过以门户的形式集成各平台的数据展现、应用展现，同时提供各平台的统一入口。

为了有效地维护和管理应用集成平台，应用集成平台换将提供针对这些集成服务的管理平台，管理平台主要是利用可视化界面对集成平台进行维护和管理的,如对组织结构、用户进行统一管理和授权,对集成平台的服务和流程及日志进行监控管理等。

　　1)应用集成

　　应用集成平台将提供公共的基础应用服务,如统一身份认证、权限、日志审计等,具体如图 5-7 所示。

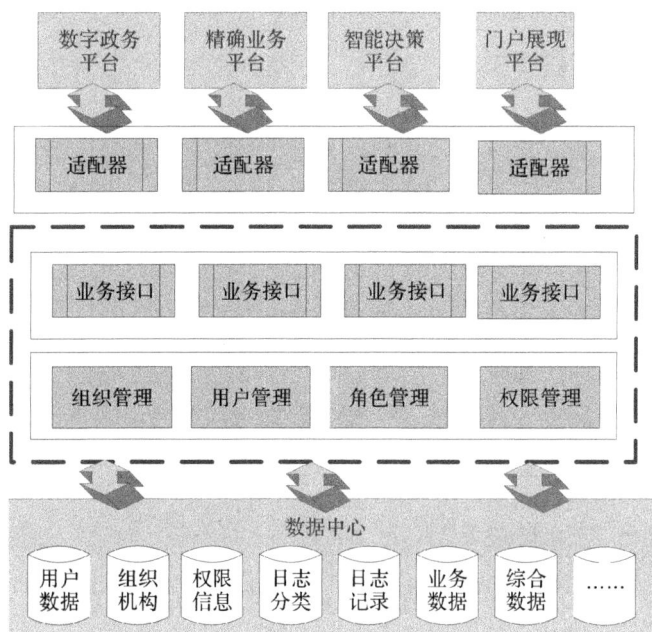

图 5-7　应用集成平台提供的基础应用服务

　　如图 5-7 所示,应用集成将基于数据中心和各应用场景抽象实现各类应用逻辑,并通过统一接口的封装,以接口服务的形式提供给各业务平台和业务系统,对于新建平台或系统可直接通过调用业务接口来使用基础服务,其他已建系统则可以通过适配器来使用基础服务。

2）界面集成

界面集成建立在应用集成的基础之上，是集成平台提供的展现集成服务（图 5-8）。

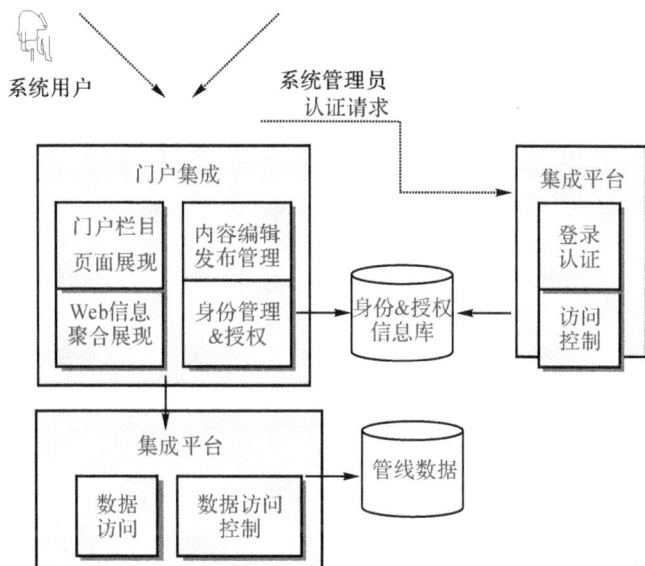

图 5-8 应用集成平台界面

如图 5-8 所示，界面集成内容包括各系统模块菜单集成、数据聚合展现集成、统一单点登录和样式集成等内容。

①统一单点登录，是指在同一登录界面，使用同一账号密码登录后，即可访问不同系统平台，而无须进行二次登录。

②模块菜单集成，是指将散落在各系统平台中的模块菜单按统一的风格样式，按照系统用户权限在同一界面进行展示。通过模块菜单集成，数据将在模块层面达到界面集成。

③数据聚合展现集成，是指将散落在各个系统平台的数据，依据

一定权限展现在统一界面中,譬如系统用户登录门户后,将会在同一工作界面看到应用系统。通过数据展现集成,数据展现层面将实现界面集成的功能。

④样式集成,在进行模块菜单集成和数据聚合展现集成时,将使用系统的统一样式,譬如统一的布局、统一的按钮文字风格等。

5.4 数字政务平台设计

5.4.1 办公自动化系统

完善运行已久的办公自动化系统,需通过数据服务 WSDL 描述接口,提供数据共享标准,提供技术规范,提供数据导出服务。方便基于单点登录及统一 CA 认证跨系统的公文交换。例如,与市县粮食局 OA 系统的公文交换(图 5-9)。

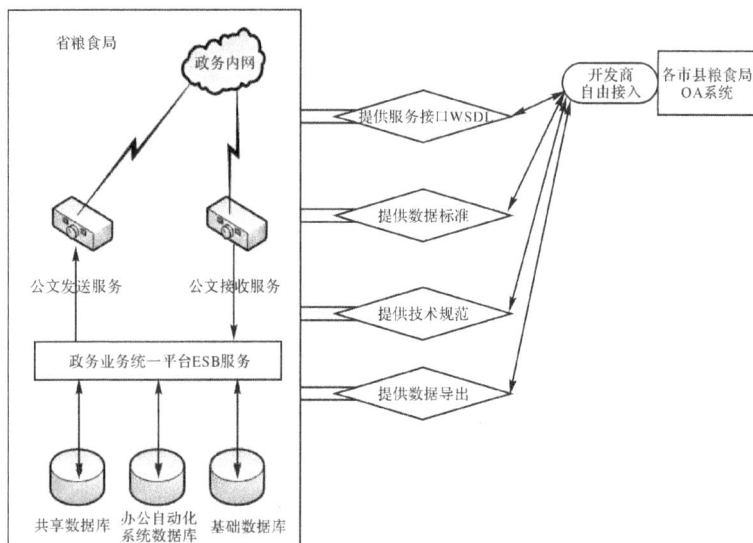

图 5-9 与市县粮食局 OA 系统公文交换

5.4.2 电子公文交换系统

电子公文交换系统,用于异地单位间的电子公文传输,通过集成电子公章技术,提供可视化盖章操作,并保证电子公章的应用安全。

发文处理模块进行的是发文草拟的协同处理过程,包括起草、修改、核稿和审核等处理过程。收文处理模块负责接收外来公文,包括纸质或通过互通的系统发送的材料。公文发送就是将发文处理完成的文件转换成定版文件,发送给指定单位。可以查看所有接收单位的接收情况,接收情况主要体现在:哪个单位的哪个人在什么时间接收了该文件。

电子公文交换系统的功能模块如图 5-10 所示。

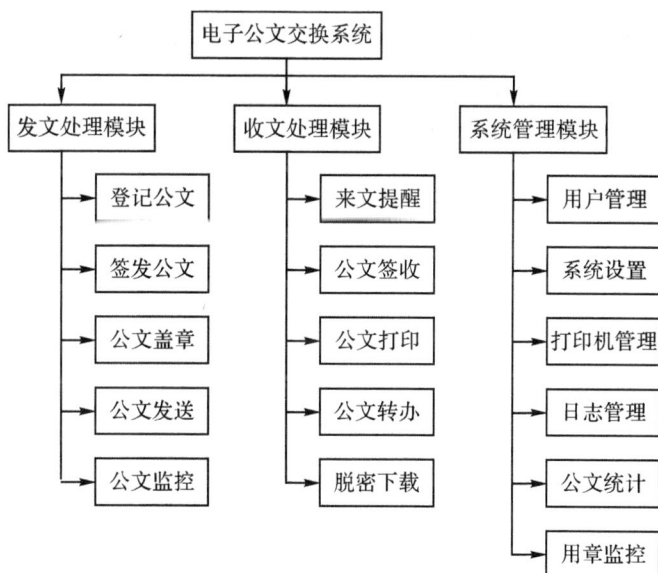

图 5-10 电子公文交换系统功能模块

5.4.3 电子印章签章系统

电子印章系统（图 5-11）由数字证书颁发系统、电子印章管理系统、电子签名认证系统及客户端电子签章软件构成,遵循安全性原则、可靠性原则、先进性原则、完整性原则、开放性原则、易用性原则和扩展性原则,从而使得其在已设计好的系统架构上能够很好地运行的同时,能够保证数字政务平台很好地运行,最终实现"智慧粮食"电商营销生态圈的有效运行。

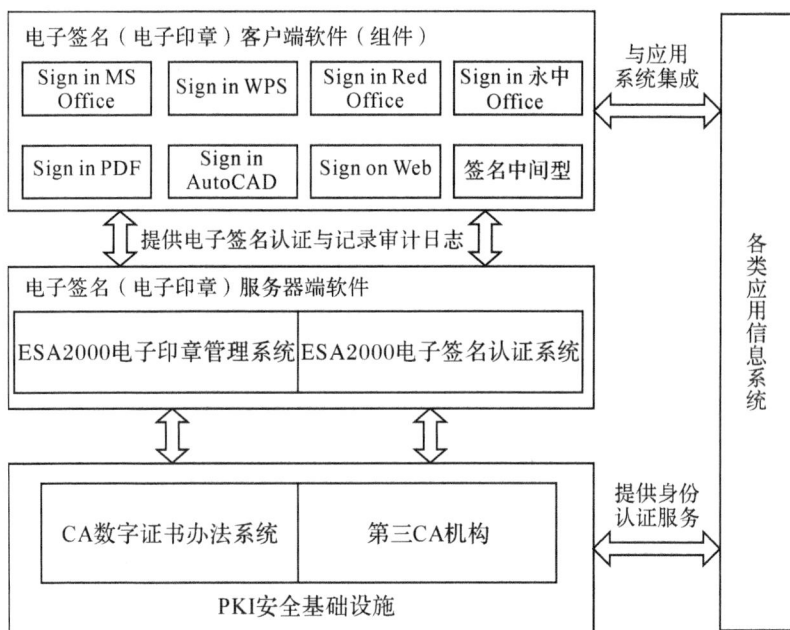

图 5-11　电子印章签章系统总体架构图

5.5 精确业务平台设计

1）粮食地理信息系统

实现完善全省物流中心、中心粮库、骨干粮库和一线收纳库网点布局，掌握各节点的仓容量、仓房质量、功能特点、设备配置、技术发展和人员构成等，为粮食产业发展提供支撑，并提供相应的展现服务。

2）粮库管理信息系统

储备库业务管理系统基于粮食储备企业的日常业务管理需求而设计实现，适用于多数的粮食储备企业；储备粮油管理系统基于粮食局日常行政业务需求而设计实现，适用于所有粮食管理单位（粮食局），两系统相辅相成，服务于整个粮食行业。

储备库业务管理系统和储备粮油管理系统主要实现了"日常工作智能化"的功能，将粮食管理单位及储备企业的日常工作归入系统，由系统自动进行相应的调整及智能化处理。系统用户只需录入日常数据即可实现数据的汇总、传达、上报、审批、公文流转和公告通知等功能；相关人员只需通过简单操作便可查看所需的数据结果及数据分析图表等。

储备库业务管理系统和储备粮油管理系统运行于相对独立的系统局域网或其他类型专用网络中，此网络可实现省/市、县、企业的三级或四级联网，形成了安全可靠、独立封闭运行的内部网络，保证了数据传输的安全性，同时为单位内部其他工作业务开通了一条便捷、安全的网络通道。

储备库业务管理系统共包含以下 10 个模块：

①储备库基础信息管理。

②储备物质出入库管理。

③储备粮管理。

④储备物资在库安全管理。

⑤器材库物料管理。

⑥储粮药剂管理。

⑦储备粮质量动态管理。

⑧粮食市场开发管理。

⑨查询统计管理。

⑩系统管理。

5.6 智能决策平台设计

1）粮食监督检查系统

该系统主要实现了监督检查处、调控储备处与质检中心之间的工作交互，完善了监督检查体系，实现了领导对监督检查工作的监管，并提高了监督检查力度。

2）粮食应急指挥系统

粮食应急指挥系统旨在建立储备粮管理和运营的实时监控及应急预警的服务体系。

①该系统建立了储备粮库运行状态监控和预警服务体系，是综合采用物联网技术对储备粮库进行实时视频监控、粮情测温等集感知、监控、预警和处置于一体的系统。

②该系统建立了储备粮库安全运营管理体系，实现对储备粮库的

日常巡检、维修、事故处理等工作的管理。

③该系统实现了对粮食收购、与流通相关的质量安全调查、品质测报和质量追踪等功能。

④该系统建立了粮食安全预警模型,确定监测预警指标,及时调整监测频率和密度,增强监测预警的敏感性和即时性,提高监测工作的前瞻性和预见性,切实加强对粮食市场监测和分析的功能。

3)粮食决策支持系统

粮食决策支持系统采用了数据钻取挖掘的方式进行逐级逐层显示。作为领导人员,一般首选需要宏观地了解全省粮食行业及市场运营状况。研究并制订模型、模拟决策过程和方案的环境,调用各种信息资源和分析工具,当发现市场行情出现较大波动时,能在第一时间为领导快速决策提供信息支持,全面提高我省的粮食行政管理水平。

5.7 公共服务平台设计

粮食公共服务平台是粮食行业采用俱乐部体制与其管理相对人或者说其会员之间互动和交流的平台;是政府通过市场化手段整合资源,为其管理相对人提供更为优质和高效的商务服务平台,更好地促进了地域经济及粮食产业的发展。其中,主要包括产品服务平台、物流服务平台、支付服务平台及渠道服务平台,这些平台主要提供开展电子商务、市场监管及整合营销服务。例如,通过建成"好食汇"精品粮油导购服务平台,支持建设"南方小麦网"与"天下粮缘网"等粮食电子交易和商务平台,实现粮食网上实时在线交易功能。

1)产品服务平台

产品服务平台,通过电子政务、电子商务和数字生活 3 个方面的互动,一方面为政府提供企业实时动态的监管数据与信息,方便政府对企业的检查和监督,实现有效监管;另一方面,为企业创业和发展的各环节提供相应的增值产品和服务,帮助企业降低生产经营成本,提高内部管理效率,延长产品线,扩宽销售渠道,提高产品市场占有率和生命力,增加利润,做大做强。由此实现政府的"四个统一",构筑政企和谐互动关系,促进市场经济健康发展。在此基础之上,通过政府公信力保障和平台社会公众舆论监督的双管齐下,使消费者能真正享受价廉物美的食品,使人民生活质量不断得到提高。

产品服务平台通过建立严格的食品供应商引进与评估标准,为政府及其管理相对人提供丰富的物美价廉的食品和餐饮行业产品服务。产品服务平台,可为政府及其管理相对人提供以下服务:

①简化企业和个人的各种行政事务的办事流程,提高办事效率;

②提供丰富的、多样化的产品和服务,满足政府、企业和个人个性化、多样化的需求,为社会公众创造一个良好的购物环境;

③通过为个人提供各种优质服务,使消费者足不出户就可以完成购物和缴费等各种日常事务。

通过对该平台的建设,努力提升政府其管理相对人的服务水平,促进企业诚信经营,提升企业产品和服务质量,营造良好的市场环境,优化的市场秩序,提高社会公众的满意度,减少社会的资源浪费,实现区域社会经济的和谐发展,为建设服务型政府、推动区域经济发展、服务民生提供丰富的信息资源、广泛而便捷的产品和服务信息。

2)物流服务平台

物流服务平台协助政府对食品和餐饮行业的物流市场进行监督和溯源管理,帮助食品物流企业扩大市场占有率和盈利能力,为广大需求方(政府、企业、个人等 3 方面用户)提供满意的物流信息服务,同时提供一个公平、公开的食品与餐饮行业物流信息交易平台。

该平台提供在线食品物流资源信息查询,对包含车源、货源、线路等物流资源状态的信息进行动态管理,促进供需双方的洽谈和交易。

3)支付服务平台

该平台以安全、快捷、方便为根本原则,采用符合国际安全标准要求的数字证书认证方式,支持账号、银行卡等多种支付工具,为政府、企业、个人提供统一的支付接口,这能够很好地满足行政事业、公共事业收费和电子商务交易支付的需求。通过支付服务平台,引导企业开展在线支付业务,为公众提供更加便捷、快速的支付服务。

4)渠道服务平台

通过建成"好食汇"精品粮油导购服务平台,支持建设"南方小麦网"与"天下粮缘网"等粮食电子交易和商务平台,实现粮食网上实时在线交易功能。

5.8 信息安全体系设计

信息作为一种资源,它的普遍性、共享性、增值性、可处理性和多效用性,使其对人类具有特别重要的意义。信息安全的实质就是要保护信息系统或信息网络中的信息资源免受各种类型的威胁、干扰和破坏,即保证信息的安全性。浙江省"智慧粮食"工程的整体安全性对于组织来说至关重要，如果没有良好的安全性保障，将为组织埋下巨大的危机。

浙江省"智慧粮食"工程的安全性由一个安全体系来组成，具体包括：

①软件本身的安全；

②网络的安全防护；

③安全的管理体系。

5.9　本章小结

本章主要针对"智慧粮食"系统中各平台方案的具体设计进行详细的阐述，对每一个平台中所包含的各个模块进行了系统详细的说明，同时在每一个子模块平台中，也详细介绍了该平台设计过程的理念、功能和技术实现。为保障"智慧粮食"整体性的有效运行，对各个工作平台与子模块进行合理的分工协作，从而实现基于云计算、大数据、物联网等信息化技术的"智慧粮食"数据化运营。

第6章 "智慧粮食"的各种模式
设计与运营策略

6.1 "政策粮"模式设计与运营策略

6.1.1 概念设计

中国"智慧粮食"交易平台(图 6-1)针对政策性储备粮,结合目前互联网化发展特点,打造了服务于政策性粮食交易的 B2B 模式。这一模式不仅能够将农产品快速、及时的聚集,还能满足国家及各省市区粮食储备的需求;同时,也能吸纳其他供应商,包括个体商户,未来更可以吸引优势供应商入驻,共享该网络体系。中国"智慧粮食"交易平台提供信息服务、接口服务,最主要的是为政策性粮食交易提供了线上平台。该平台具有的竞价采购系统和拍卖销售系统在政府和粮食供应商、粮食需求商之间架起了电商桥梁,给全国及各省市的政策性粮食储备和集散提供了极大的便利。

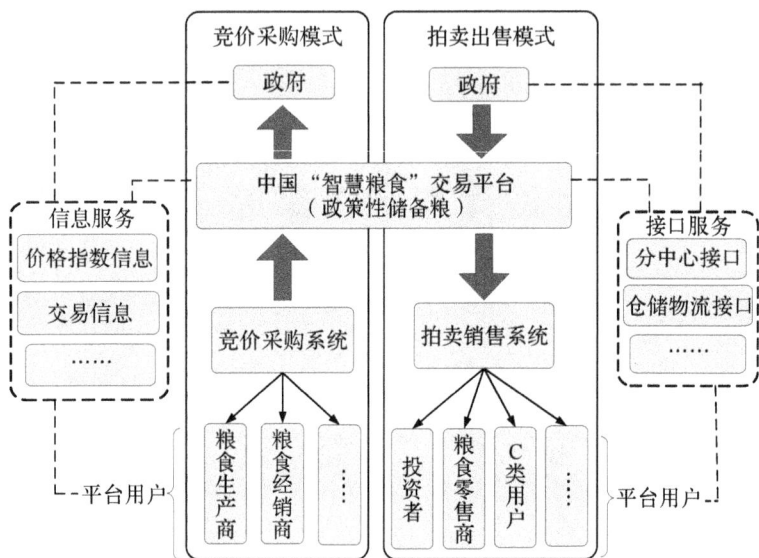

图 6-1　中国"智慧粮食"交易平台概念设计

6.1.2 运营模式

中国"智慧粮食"交易平台针对政策性储备粮,主要有竞价采购和拍卖出售两种运营模式。以这两大模式为基础,兼提供信息服务和接口服务。

1)竞价采购模式

每年国家和各地政府都需要收购一定的粮食作为"政策粮"储备。每年"政策粮"收购都会涉及多个品种,时间贯穿全年。针对每一次粮食竞价采购,平台除了提前给出一次竞价活动的时间外,还要综合考虑各方信息,合理确定标的。标的应包括承储库名单、所卖粮食的实际存储地点、品种、数量、生产年限、所在货位收购等级和近期混合采样检验情况(包括等级、水分、杂质等指标),以及存储库点正常日出库能力、运输方式(公路、铁路、水路)等等。信息的丰富程度将会直接决定参与竞买粮食供应商的数量与质量。

平台公布信息之后的一段时间内,参与竞价的粮食供应商综合考虑自身条件,再决定是否参与新一轮竞拍。在决定参与竞价活动后,新用户需要在平台进行注册,获得资格认证,成为平台用户。平台用户向规定的银行缴纳保证金,意味着用户决定参与竞拍。在竞价过程中,交易平台要负责参与竞拍的供应商所交保证金的安全及整个交易过程的合理、公开和透明。参与竞价活动的粮食供应商可以通过线上竞价系统进行新一轮喊价,同时能在最短时间内得知标的的价格更新信息。

交易结束后,平台与中标者按照相应的法律法规签订购销合同。平台要向未中标者退还所有的保证金;对于中标者,交易双方就一次交易达成需要向平台支付相应的手续费,并在粮食跨省移库的时间段内,平台就手续费与保证金差值向中标者退还多余的保证金或补收手续费。

2)拍卖出售模式

每年国家和地方政府都会将之前储备的部分粮食进行拍卖出售,拍卖对象包括粮食零售商、大 C 类用户。同竞价采购流程类似,平台会针对每一次拍卖活动,提前公布相关信息,如粮食的种类、粮食的原产地、原库存地、最低销售价格、拍卖时间等等。平台所给出的信息越丰富,越能吸引更多的参与者;再者,吸引用户的同时,平台也极大地提高了用户黏性及平台自身的号召力。

同竞价采购流程类似,每次参与招标活动的用户都需要得到平台认证,并且缴纳相应的保证金来获得拍卖资格。拍卖过程中,平台负责保证金的安全性，以及整个交易过程的合理、公开和透明。参与拍卖的用户可以通过线上拍卖系统进行喊价，同时能在最短时间内得知更新的价格信息。

交易结束后所做事宜与竞价采购流程相同，在此不再赘述。

6.1.3 盈利点设计

中国"智慧粮食"交易平台的盈利点主要来自两个部分：交易中介费用和保证金停留，具体如表 6-1 所示。

表 6-1　中国"智慧粮食"交易平台盈利点设计一览表

盈利点	盈利点说明	收益实现条件
交易中介费用	买卖双方一笔交易达成，交易平台按一定比例提取销售佣金，即交易中介费用	平台运营即可获得利益
保证金停留	在现货订单交易中，交易者必须按照其所买卖现货商品的订单价值的一定比例缴纳资金，作为其履行现货合同的财力担保，并视价格变动情况确定是否追加资金，这里所缴纳资金就是保证金	平台运营即可获得利益

6.1.4 主要流程

1）竞价采购流程

国家及地方各级粮食储备中心向各个粮食供应商采购粮食时，在遵守国家或地方粮食交易规则的基础上，采用竞价采购方式。

竞价采购流程如图 6-2 所示。

```
        ┌─────────────────────────────────┐
        │   登录"中国智慧粮食交易平台"        │
        └─────────────────────────────────┘
                    │
        ┌──────────┼──────────┐
        │          ▼          │
        │  ┌──────────────┐   │
老客户   │  │新客户进行"会员注册"│  │
        │  └──────────────┘   │  ①
        │          ▼          │
        │  ┌──────────────┐   │
        │  │提交注册资料，等待审核│ │
        │  └──────────────┘   │
        │          ▼          │
        │  ┌──────────────┐   │
        └─▶│ 进行"网上报名" │◀─┘
           └──────────────┘
                  │②
        ┌─────────────────────────┐
        │ 缴纳保证金，获得参加竞价资格  │
        └─────────────────────────┘
                  │③
        ┌─────────────────────────┐
        │         入场竞价          │
        └─────────────────────────┘
          │④              │
    ┌──────────┐    ┌──────────┐
    │未竞得     │    │   竞得    │
    │退还保证金  │    └──────────┘
    └──────────┘         │⑤
                  ┌──────────────┐
                  │  签收中标通知书 │
                  └──────────────┘
                         │⑥
                  ┌──────────────┐
                  │成交双方签订    │
                  │购销合同       │
                  └──────────────┘
                         │⑦
                  ┌──────────────┐
                  │结算手续费      │
                  │退还多余保证金   │
                  └──────────────┘
                         │⑧
                  ┌──────────────┐
                  │合同履行完毕    │
                  │退还所有保证金   │
                  └──────────────┘
```

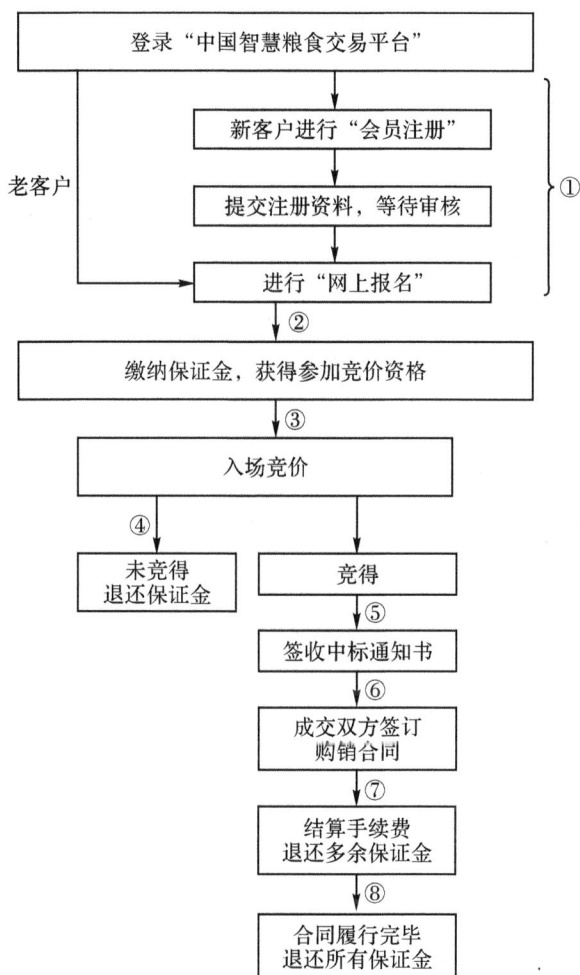

图 6-2 竞价采购流程

粮食供应商参与竞价的步骤如下：

①新用户到平台进行"会员"注册，通过认证成为会员后，进行网上报名，确认是否参加竞价。

②会员通过银行转账入金,即缴纳保证金,获得参加竞价的资格。

③竞价交易过程:进入政策性交易专场,查看标的详情并且进入专场竞价交易界面;系统会提示该会员在本专场标的所属市场的资金监管账户开户情况,会员只能竞拍已开通资金监管账户市场的标的;等待专场启动后,会员进入竞拍页面,点击应价按钮,对所选标的进行应价,并确认。

④对于未竞得标的的竞拍参与者,在交易结束之后,平台退还所有保证金。

⑤对于竞拍成功的粮食供应商,在线上竞价活动结束后,与招标商签收中标通知书。

⑥对于竞拍成功的粮食供应商,竞价交易成交后,买卖双方签订购销合同。

⑦对于竞拍成功的粮食供应商,与平台结算本次竞拍活动的手续费。

⑧合同履行完毕,交易平台与中标者就保证金与手续费进行结算。

2)拍卖出售流程

拍卖出售流程如图 6-3 所示。

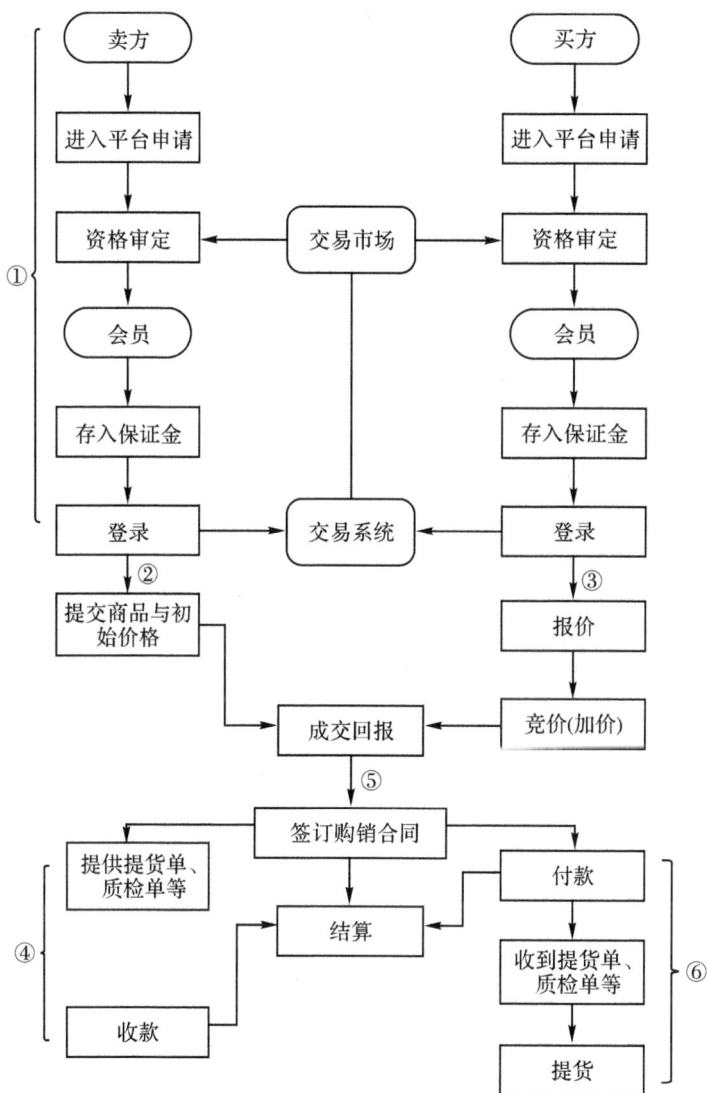

图 6-3 拍卖出售流程

对于政策性储备粮,当储备时间达到上限时,各个储备地会以拍卖的方式出售粮食。具体的交易流程如下：

①与竞价采购流程相同，新用户注册进行资格认证，确定是否参与新一轮的拍卖活动，如参与存入保证金，获得参加拍卖资格，同时平台公布卖方的最低价。

②此竞价交易过程同竞价采购的竞价交易过程。

③买方报价，并在竞价过程中进行加价。

④竞价活动结束，中标者得到卖方提供的粮食相关材料并支付标的的相应费用。

⑤交易成功后，买卖双方签订合约，进行资金结算，同时向平台按一定比例支付佣金。最后就保证金与佣金差价，平台与参与竞拍活动的用户进行结算，多退少补。

6.1.5 实施策略

1）交易商选择策略

"政策粮"的采购和销售的交易商主要有粮食产销企业、粮食购销企业等等。交易商的选择策略和合作模式如表 6-2 所示。

表 6-2　交易商的选择策略与合作模式

交易模式	交易商类型	交易商选择要求	合作模式
竞价采购	粮食产销企业	在竞价采购的模式中，交易商的选择主要体现在粮食的供应方上。按照粮食种类划分，以各类粮食主产区为重点，具有地域品牌优势，且具有一定规模的粮食产销企业是首选，这类企业能够保障较稳定的产量供应；选择符合"政策粮"质量标准要求的企业；同时，要选择经营稳健、信用水平良好的企业	平台入驻、交易参与、仓储物流合作

交易模式	交易商类型	交易商选择要求	合作模式
拍卖出售	粮食购销企业	在拍卖出售的模式中,交易商的选择主要体现在粮食的需求方上。以粮食批发商、分销商与采购商为主,选择具有一定市场规模的企业,这样能够保障较稳定的采购量与销售量;同时,要选择经营稳健、信用水平良好的企业	平台入驻、交易参与、仓储物流合作

2)产品组合策略

平台在成立之初,会以某几个地方政府的政策储备粮为核心服务,构建涵盖某省乃至周边省份所有品种的"政策粮"储备体系;以"政策粮"线上交易模式为亮点,促进平台做大总量规模。随着交易平台运营的逐步成熟,其以"政策粮"相关交易资源为根据,进一步扩大规模,建立"社会粮线"上交易体系。

3)运营策略

(1)中国"智慧粮食"交易平台是"政策粮"交易的主要场所,平台的横向扩展,既是"政策粮"交易跨地区服务的基本条件,也是平台的创新发展。例如:中国"智慧粮食"交易平台的初身——浙江粮油交易网自2012年底开始,采用"扫街"形式,将电子商务运用到传统粮食交易中,进行强力宣传推广,逐步建立了客户群和会员群;并且在此基础上,其在省内的杭州、金华、嘉兴、绍兴、丽水等地级市分别设立了分中心,逐步形成以杭州为核心的在全国粮食行业具有较大影响力的"政策粮"网上交易综合体。

(2)在团队与运营力量的组建和分配上,中国粮油交易实现了"政策粮"竞价收购与招标出售同步发展的模式,这样的交易模式在未来发展中将进一步完善。具体表现在:保证金滞留阶段对资金的合理应用；一次交易活动中，粮食出库、入库的管理；等等。

（3）中国"智慧粮食"交易平台应加强对交易商的招募力度，在运营初期，在服务、费用等方面给予支持，建立优质产销企业与购销企业名单，吸引更多优质用户。当平台运营功能逐步完善，中国"智慧粮食"交易平台要采取措施提升用户黏性，达到交易双方利益最大化，同时保障平台的利益。

（4）在每一次的"政策粮"交易过程中，平台应持续保障粮食质量，保证保证金在交易过程中的全过程安全，保证交易过程的公平、合理与透明，这是平台良好运营的核心。

（5）在运营成熟后，中国"智慧粮食"交易平台应注重发展信息资讯等增值服务，建立与更多交易中心的合作，加强数据共享与分析，提供高水平的增值服务。例如，在概念设计中提及的信息服务与接口服务。针对信息服务，可以参照"阿里供求信息"的服务模式，中国"智慧粮食"交易平台需要在"政策粮"供求信息、政策类的指导性信息、国际国内市场信息等的丰富程度、及时性方面进行进一步完善。另外，在每一笔"政策粮"的交易准备阶段，如何搜集实时信息进行交互；在交易过程中，如何保证交易数据的安全；在交易结束后，如何存储一次交易完备的信息，都是提升接口服务水平的突破口，也是浙江粮油交易网需要升级的地方。

6.2 "社会粮"模式设计与运营策略

6.2.1 概念设计

"社会粮"交易平台概念设计如图 6-4 所示。

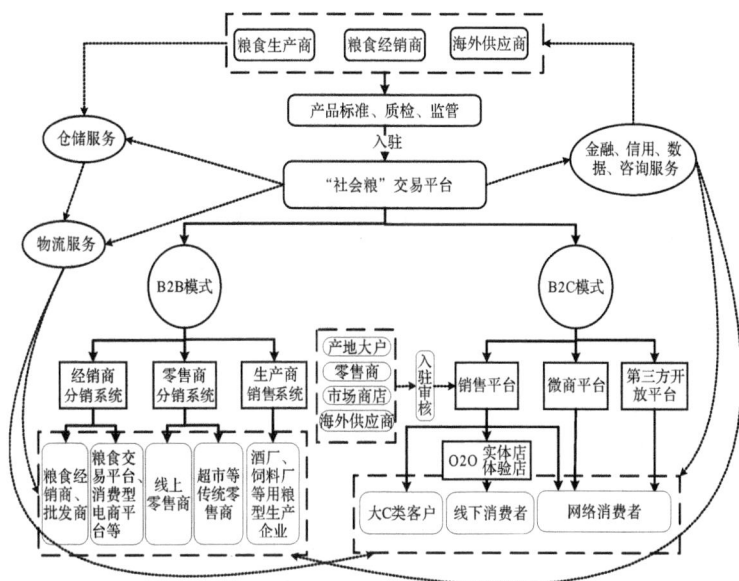

图 6-4 "社会粮"交易平台概念设计

"社会粮"交易平台基于杭州国家粮食交易中心现有基础与政策资源、供应商/采购商资源和网络资源的优势,结合目前粮食交易互联网化的发展特点,打造服务于交易中心的 B2B 及 B2C 粮食现货交易模式。"社会粮"交易平台提供除"政策粮"以外的市场化口粮的供给流通业务,旨在打造大宗粮食交易一站式综合服务平台,做大"社会粮"交易规模,促进"社会粮"交易模式纵向深化发展,以形成全国范围的影响力。

1)B2B 模式

"社会粮"交易平台需深入分析市场痛点,以增值服务为主要途径,吸引采购商与供应商入驻,建立覆盖经销商、零售商和采购商等 B 类客户的分销体系,拓宽服务范围,打造辐射全国的"互联网+粮食"

交易中心。

(1)建立经销商分销系统。"社会粮"交易平台基于杭州国家粮食交易中心现有的经销商资源,鼓励经销商在交易中心进行需求发布及采购交易,激发市场活力。通过提供一系列优惠政策及增值服务,该平台进行广泛的宣传推广活动,吸引更多粮食批发商与收购商入驻,以采购需求带动粮食供应。同时,该平台充分联合外部粮食交易平台,包括浙江省内各分中心,省外产销合作联盟,国家其他省市粮食平台,粮达网、有粮网等市场化粮食交易平台等,实现在货源、客户和数据方面的共享协作,发展省内外经销商分销体系。此外,预留多个接口,通过地推、网络推广等方式,根据第三方电商平台的系统对接要求,实现"社会粮"经销商分销系统与多类互联网平台的对接,并依托第三方电商平台的流量规模进行粮食产品的分销。第三方电商平台包括链农、小农女等食材配送平台,中粮我买网、沱沱工社等面向消费者的食品电商平台等。

(2)建立零售商分销系统。"社会粮"交易中心发展线上零售商可以通过吸引现有的网商群体加盟,包括在阿里巴巴、天猫、京东等网上商城开设店铺的企业等,与其采购系统进行对接;为传统零售商进行线上零售转型提供技术支持,为它们开发分销系统或在原有采购系统上进行二次开发;吸引创业团队加盟,成为该中心专属粮食产品线上零售商,为它们提供产品直供、借贷、技术支持等配套服务,实现无忧创业。发展线下零售商主要通过对接大型超市采购系统或为中小超市、粮食批发市场、社区便利店和放心粮油店等传统零售商提供分销客户端的形式进行对接。

(3)建立生产商销售系统。"社会粮"交易中心重点面向以粮食产品为原料进行生产活动的企业的采购显示需求,与它们建立稳定的供应关系,预留多种数据接口对接企业采购系统,实现在线采购、集中采购、便捷采购,并通过整合物流服务商为企业提供集中配送服务。用粮型生产企业主要包括淀粉、酒精、饲料、养殖等转化用粮企业,馒头、包子、米饭、米粉等传统米面制品生产企业,化工、医药、保健等粮食产品精加工企业等。

2)B2C 模式

"社会粮"交易平台发展初期,针对大 C 类客户,采用联营为主、自营为辅的模式发展 B2C 业务,吸引第三方商家入驻并开设直营店铺,发展健康、特色粮食产品品类,打造质优价廉的平台品牌形象。平台发展后期,选取交易平台中销量较好、标准化程度较高的粮食产品组建自主品牌,借助开放性电商平台、微商等互联网渠道进行个人消费者的业务拓展。

(1)建立 B2C 销售平台。平台发展初期,采用联营为主、自营为辅的模式,通过入驻优惠、服务费减免等政策吸引零售商、市场商户、海外供应商等入驻并开设直营店铺,发展高品质生态粮食产品、特色粮食产品及进口优质粮食产品等品类,并通过制订第三方商家入驻标准、落实质量检测和实施过程监管等手段严格控制产品品质,打造质优价廉的平台品牌形象。积极发展企业、学校、餐馆、酒店、家庭等大 C 类客户,与它们建立稳定的供应关系,使上述单位的现场采购、分散采购(到超市、批发市场等)变为在线采购、集中采购、便捷采购,并通过整合物流服务商为大 C 类客户提供集中配送服务。平台发展后期,可以选取交易平台中销量较好、标准化程度较高的粮食产品组建自主品牌,加强网络宣传推广,采取一系列优惠措施吸引流量,引导网络消费者浏览交易中心的网站并产生交易。此外,积极推进线下实体店建设,同时以自建和加盟的方式设立"社会粮"交易中心体验店。如以杭州为中心,在重点城市客流集中的地区进行布局,为消费者提供"在体验店、在线下单、快递送达"服务,为消费者提供更丰富的服务选项。

(2)入驻第三方电商平台。如前所述,平台发展后期,可以整合平台上销量较高的粮食产品及入驻商家提供的优质产品,进行针对个人消费者的销售拓展。该平台基于现有的第三方电商平台,既可以通过综合类电商平台如天猫、京东、一号店、亚马逊等,也可以选择若干"小而美"的新兴平台,开设网店或成为其供应商,让它们与交易中心 B2C 销售平台进行对接,实现该平台对产品订单的管理。借助第三方电商平台,通过开展主题推广活动等多种方式,导入用户流量规模,为平台积累电商运营经验。

(3)建立微商平台。平台发展后期,通过分步推进层级代理商模式、粉丝微商等开展个人消费者零售业务,实现交易中心的用户社群粉丝化、经济共享化和渠道立体化;通过网状结构的销售结局,快速扩大交易中心品牌影响力,快速发展微商代理和粉丝群体,从而增强平台竞争力和美誉度。

6.2.2 运营模式

1)B2B 模式下的运营模式

(1)在经销商分销系统中,以粮食现货市场为依托,扩展"省内建立分中心、省外建产销合作联盟"战略实施范围,进一步提升粮食网上交易量、交易额、交易规模、会员单位数和交易辐射范围,从而以交易中心不断扩大的市场影响力吸引全国范围内经销商入驻;为经销商提供粮食产销、价格指数、行业快报等资讯,通过订阅、推送等方式解决经销商采购及销售渠道问题;利用交易中心的省内外合作联盟,为经销商提供仓储、物流服务。对于已入驻平台的粮食经销商,组建专业管理团队进行积极对接,使其扮演"供应商+分销商"的双重角色,实现入驻的经销商不仅为交易中心供应粮食,同时成为交易中心遍布全国的经销体系的一部分,大大扩展交易中心的辐射范围。在经销商分销系统运营良好的基础上,该平台利用采购数据可以提供需求量预测等服务,后期可以实现对经销商的等级划分,从而根据不同的采购量实行差别定价。此外,针对经销商融资难等问题,该平台提供信贷、抵押等金融产品,做好增值服务。

(2)在零售商分销系统中,组建专业管理团队对接商超、粮食批发市场、社区便利店和放心粮油店等传统零售商,发展其成为交易中心线下零售商,并支持、引导其发展线上零售业务,同时加大交易中心的宣传力度,以价格优惠、产品直供、配送服务等为特色,吸引传统网商加盟,从而从浙江省内开始逐渐布局覆盖全国的零售体系。也可顺应当前创新创业热潮,开展"无忧创业"等活动,为创业团队提供资金、产品和技术等支持政策,鼓励创业者成为交易中心的零售商,提升中心影响力和知名度。同时,充分利用交易中心入驻的经销商及省内外合作联盟拥有的仓储、物流设施,为零售商提供仓储、物流服务,或选择有实力的第三方仓储、物流服务商进行仓储配送,并适时在零售商密集的地区设立仓储中心、码头等。此外,还要组建专业的技术团队,开发零售商分销系统客户端,或进行二次开发对接零售商采购系统。在此基础上,利用销售数据为零售商提供需求量预测、热销品推荐、新产品推广、营销等服务,后期可以对零售商进行信用评级、信用认证,根据信用提供小微贷款等服务。

(3)在生产商销售系统中,组建专业管理团队与运营良好的用粮型生产企业进行对接洽谈,与这些企业签订合同形成稳定的供销关系,提供低价格高品质的产品及集中配送服务,以满足其采购需求。此外,可以针对新创立的企业发展新型合作模式,如成为该企业粮食产品专属供应商等,与企业共同发展。同时,组建专业技术团队,针对企业实际开发或对接原有采购系统,方便企业在系统中直接提出采购需求。在生产商销售系统运营良好的基础上,可以利用采购数据提供需求量预测等服务,后期可以对生产商进行等级划分,根据采购量的不同实行差别定价。

2)B2C 模式下的运营模式

(1)在 B2C 销售平台中,通过一系列激励措施,如免费入驻、减免服务费、免费宣传推广等,吸引产地大户、市场商户、零售商和海外供应商等主体入驻,并提供高品质生态粮食产品、特色粮食产品及进口优质粮食产品等。组建强有力的技术团队打造"社会粮"交易 B2C 平台,可采用网页端、App 等方式,其间注重平台设计和体验。以优质、低价、品类丰富的产品为卖点,利用网络广告、社会化营销等手段,实现平台推广和引流;再利用促销、团购、预售、C2B/C2F 反向销售、海外购、名品特供等方式,逐步培养起属于自己的忠诚客户。同时,做好各项服务保障,整合第三方物流服务商、仓储服务商等,为商家提供服务,保障商家的良好经营。通过地推人员进行业务推广,直接对接企业、学校、餐馆、酒店等大 C 类客户,针对其规模化甚至定期化采购方式,制订相应的优惠价格及提供团购、预订、定制化等服务。组建专业技术团队,开发集团采购系统或进行二次开发,与大 C 类客户的信息系统进行对接。平台发展后期,利用交易平台的销售数据,选取销量高、品质好、标准化程度高的粮食产品打造自有品牌,进行针对个人消费者的业务拓展。同时,积极发展线下实体店,打造交易平台对外统一宣传形象。当"社会粮"B2C平台的知名度和影响力进一步加大,建议设立线下体验店。可采用自建方式,打造体验店的样板,优先选择在杭州的重点市场,启动小范围试点。

(2)入驻第三方电商平台,是对"社会粮"B2C平台产品销售方式的一种补充,即借助第三方平台的流量,达到产品销售的目的。由于类似淘宝的第三方平台的同类型产品众多,竞争激烈,建议在第三方平台店铺的运营要做好极致服务,以差异化的营销手段,打造品牌化和品质化的店铺。随后,通过口碑宣传和激励政策,如领店铺优惠券,但需要访问"社会粮"B2C平台才能激活等措施,实现将第三方平台的店铺流量导入"社会粮"B2C平台中。

(3)微商平台总体采用代理商分销模式,通过发展大区代理、省代理、市代理的三级模式,实现交易中心微商圈在全国的快速布局,以层级利润差、服务佣金、产品买断等方式获得收益。发展初期,建议通过"购买服务"的方式由专业微商运营团队如上海的微商、"深圳花儿绽放"微团等代理运营,并在此过程中,让自身运营团队逐步积累运营经验。

6.2.3 盈利点设计

"社会粮"交易平台的盈利点主要来自3个部分:经营收益、服务收益、佣金收益,具体如表6-3所示。

表 6-3 "社会粮"交易平台盈利点设计一览表

	盈利点	盈利点说明	收益实现条件
经营收益	产品分销利润	通过"社会粮"交易平台的构建，加快产品流通，降低成本，提高收益	B2C 平台运营即可获得收益
服务收益	物流服务收益	为经销商、零售商、第三方电商平台、大C类用户提供物流服务，按次收取物流服务费用	选择好服务合作商，待"社会粮"交易平台项目启动运营时，可适时启动该项业务
	信息服务收益	提供交易资讯、价格指数、行业快报等信息服务	
	金融服务收益	根据交易记录，提供融资和保险服务	
	数据服务收益	提供销售数据挖掘、分析，产销预测等数据服务	
	咨询服务收益	利用平台积累的销售数据、交易记录等，针对不同客户提供个性化定制服务	
佣金收益	交易服务费	与入驻的粮食生产商、经销商、零售商等多方参与者进行交易撮合服务，参与者通过平台达成交易，平台按照一定比例收取交易服务费	待"社会粮"交易平台项目启动运营时，可适时启动该项业务
	第三方商家入驻	吸引产品质量好、经营信誉高的产地大户、市场商户、零售商及海外供应商等入驻交易平台，收取入驻费或根据销售额按一定比例提取销售佣金	
	微商平台入驻	吸引运行良好的大区、省、市三级代理商入驻微商平台，收取入驻费或根据销售额按一定比例提取销售佣金	待项目进入成熟运营轨道，适时启动该项业务

6.2.4 主要流程

1）B2B 模式的主要流程

第一，B2B 模式（第三方入驻）交易流程（图 6-5）为：吸引粮食生产商、粮食经销商、海外供应商等入驻交易平台；买卖双方有大批量交易需求时，平台为双方提供交易对接或撮合服务，如交易额较大，平台可提供担保服务。

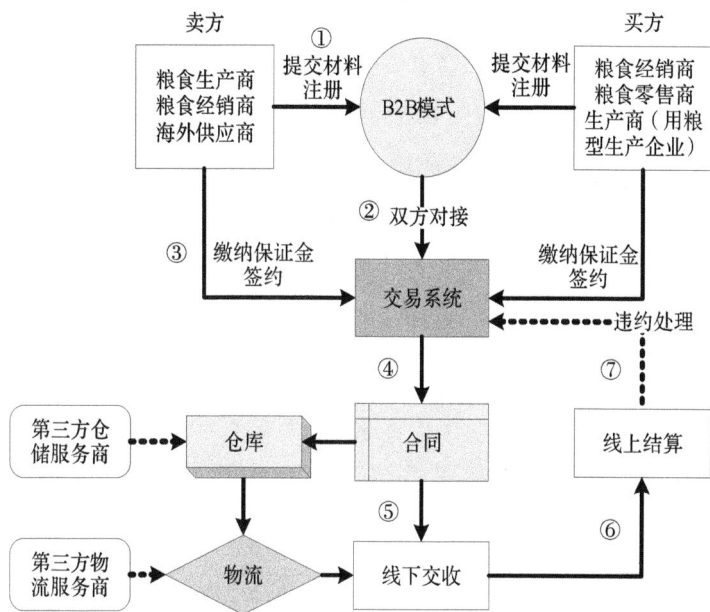

图 6-5　B2B 模式(第三方入驻)交易流程

①买卖双方提交企业信息,通过交易平台审核后注册成为"社会粮"交易平台会员。

②买卖双方登录交易平台,查询或发布供销信息,交易平台也可提供交易撮合服务,实现买卖双方对接。

③以卖方发布一条出售信息为例:卖方进入交易平台发布供应信息,并缴纳交易保证金;买方进入交易平台,对合适的供应信息进行买入,双方进入交易阶段。

④在交易系统中,买卖双方就粮食产品进行议价,达成协议后确认签约,双方支付履约保证金后达成合同。

⑤根据合同信息,卖方发货,买方支付货款交易系统会将买方账户金额进行冻结,待买方收货后进行交收确认。此过程中交易平台可以为买方提供仓储、物流服务。

⑥卖方线上对货物进行数量及质量确认,双方达成一致后货款解冻,打入卖方账户,本次交易成功。

⑦如在合同执行过程中出现违约情况,买卖双方都可在系统中发起违约申请,交易系统对违约行为进行处理。

第二,B2B模式(自营)采购流程(图 6-6)为:交易平台采购合适的粮食供应商提供的粮食产品,或吸纳第三方供应商入驻,对产品进行质检,开展自营业务,统一进行仓储、配送服务。当粮食经销商、零售商、生产商有小批量采购需求时,交易平台直接对采购需求进行处理。

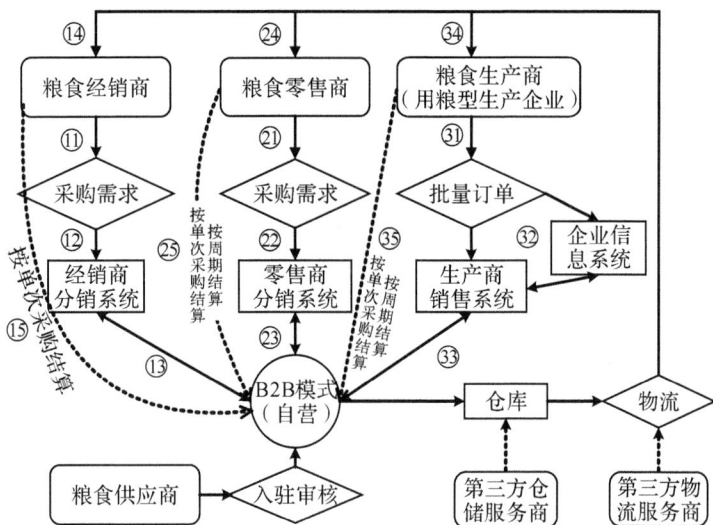

图 6-6　B2B 模式(自营)采购主要流程

(1)粮食经销商采购流程。

①粮食经销商通过分销客户端直接提出采购需求。

②采购需求提交给经销商分销系统,系统做出小批量采购响应。

③B2B 平台根据采购订单情况,整合产品资源,通过经销商分销系统向经销商反馈全过程的作业动态信息。

④平台根据采购订单情况进行调配,根据最优配送方案选择向仓库发出集货指令进行物流配送或选择第三方仓储、物流服务商进行配送。

⑤货物交收成功后,经销商进行网上交易确认并支付货款,粮食经销商与交易平台之间按次结算费用。

(2)粮食零售商采购流程。

①线上零售商、中小超市、粮食批发市场、社区便利店和放心粮油店等其他零售商通过分销客户端直接提出采购需求,库存不足时系统自动发出预警。

②采购需求提交给零售商分销系统,系统做山零售采购响应。

③B2B 平台根据采购订单情况,整合产品资源,通过零售商分销系统向零售商反馈全过程的作业动态信息。

④平台根据采购订单情况进行调配,根据最优配送方案选择向仓库发出集货指令,利用经销商或选择优质的第三方物流服务商提供物流服务,将集货完成的商品运输至各零售商处。

⑤粮食零售商与交易平台之间按次结算费用。

(3)粮食生产商采购流程。

①生产商提交批量化采购需求,或按照生产周期进行定期配送。

②生产商可通过两种方式在线提交采购需求:一是通过生产商销

售系统进行对接直接提交采购需求;二是开发企业自有信息系统与生产商销售系统进行对接,生产商可通过自有信息系统提交采购需求或当库存不足时自动提交采购需求。

③根据采购需求,形成作业单,B2B 平台向生产商反馈全过程的作业动态信息。

④平台根据作业单,完成产品集货工作,为生产商采购提供送货上门服务。

⑤交易平台与生产商之间按周期结算费用。

2)B2C 模式的主要流程

B2B 模式的主要流程如图 6-7 所示。

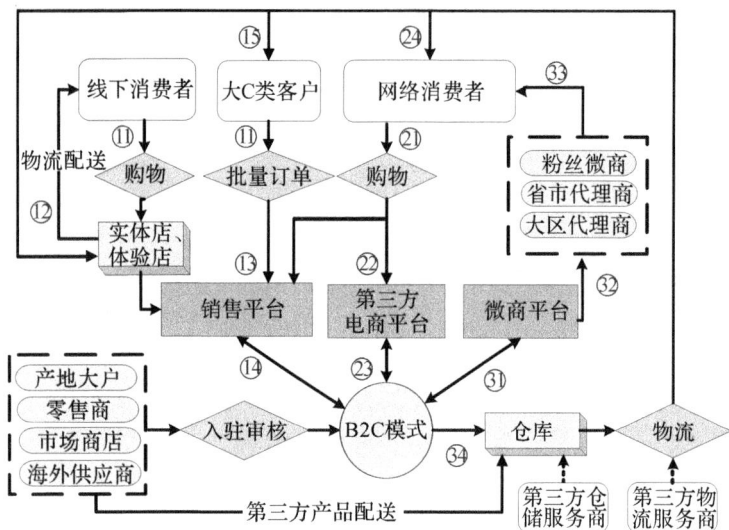

图 6-7　B2B 模式主要流程

(1)销售平台模式。

①线下消费者到体验店购物,采用即时支付方式结算;大 C 类客

户提交批量订单。

②体验店对于需要送货上门的订单,将产品送到消费者指定地址。

③体验店依托销售管理系统,记录各个体验店销售、库存等相关数据情况,当体验店库存不足时,提出补货订单;销售平台对大 C 类客户的批量订单做出响应。

④根据订单要求,B2C 平台根据各体验店的补货订单和体验店位置及大 C 类客户位置,将订单就近分配到平台自身或第三方服务商的仓库。

⑤被分配到补货订单及批量订单作业的仓库根据客户位置,通过平台的物流服务商将产品发送至体验店及大 C 类客户。

(2)第三方电商平台模式。

①网络消费者通过第三方电商平台(交易平台的 B2C 模式销售平台)进行购物。

②购物订单进入电商平台管理系统(销售管理系统)。

③平台与第三方电商平台店铺实现数据对接,记录和管理店铺销售和订单信息,汇聚订单作业。

④平台仓库根据收到的订单信息,进行拣货、包装,配送至消费者指定地址,或将仓库中的产品提前运送到第三方电商平台的指定仓库,通过第三方电商平台统一进行配送。

(3)微商平台模式。

①在 B2C 模式下搭建微商平台,初期可采用专业服务商提供服务。

②根据微商平台的要求,组建大区代理、省市代理、粉丝微商等各

级代理机构。

③通过微商平台的推广运营,吸引粉丝微商朋友圈中的消费者进行购物。

④根据消费者购物订单,平台仓库完成订单配送服务。

6.2.5 实施策略

1)供应商选择策略

"社会粮"交易平台的供应商主要包括粮食生产商、粮食经销商及海外供应商,供应商的选择策略和合作模式如表 6-4 所示。

表 6-4 "社会粮"交易平台的供应商选择策略与合作模式一览表

供应商类型	供应商选择要求	合作模式
粮食生产商	江西南昌、吉林长春、黑龙江哈尔滨、江苏南京、山东济南等地区的产地大户、粮食经销商等,提供浙江粮食市场上较紧缺的各种粮食生产经营良好,能够保障较稳定的产量供应	平台买断、采购、代销等
粮食经销商	地区知名经销商 经营状况良好、信誉高,能够保证产品质量 拥有成熟的经销体系	平台采购、代销
海外供应商	国际知名粮食供应商 提供低价或生态、绿色、有机等特色产品 能够保障较稳定的产量供应	平台买断、采购、代销等

2)合作伙伴选择策略

"社会粮"交易平台的合作伙伴主要包括粮食经销商、第三方商家、用粮型生产企业、粮食零售商、大 C 类客户等,合作伙伴的选择策略和合作模式如表 6-5 所示。

表 6-5　"社会粮"交易平台合作伙伴选择策略与合作模式一览表

合作伙伴类型	合作伙伴选择要求	合作模式
粮食经销商	入驻到平台的粮食采购企业,主要为粮食的批发商与收购商。前期,建议选择拥有成熟的经销体系、经营状况良好的经销商,构建平台经销商网络	定期配送模式 零散采购模式
第三方商家	产地大户、市场商户、零售商、海外供应商等经营状况良好、信誉高,能够保证产品质量对电子商务有一定的认可度和接受度	联营:佣金
用粮型生产企业	有较大粮食采购需求用于继续再生产的企业	直供模式 定期配送模式
粮食零售商	传统网商群体 有粮食行业尤其是粮食电商创业意向的团队 各类商超、粮食批发市场、社区便利店、放心粮油店等传统零售商	定期配送模式 零散采购模式
大 C 类客户	学校、餐馆、医院等大批量粮食消费群体 具有较大知名度和影响力的企业集团、事业单位	直供模式 零散采购模式
服务商	数据服务商:有丰富的信息服务经验,提供准确、全面的数据分析服务 金融服务商:信用好、专业化水平高,尤其能够提供小额且灵活的贷款服务	紧密型战略合作
	仓储物流服务商:强大的仓储物流能力,保证物流效率 运营服务商:有丰富的运营服务经验,提供定制化服务	合作经营:利润分成

3)产品组合策略

交易平台前期要整合入驻的生产商、经销商提供的粮食产品,主要以浙江粮食市场较紧缺的粮食为主,优先保证浙江粮食市场的供应;拓展"省内建立分中心、省外建产销合作联盟"的战略实施范围,整合全国范围内优质粮食生产商、经销商。后期吸引高品质的生态粮食产品、特色粮食产品、进口优质粮食产品等的供应商入驻,扩充产品品类;在此基础上,发展C端客户,利用数据挖掘、分析,针对不同区域人群实行差异化销售。

4)运营实施策略

(1)"社会粮"交易平台是粮食现货交易平台的重点业务模块,是平台业务拓展的主要领域,具有较大的市场发展空间,因此应投入较大运营力量,成立专门的主管部门,配备专业的营销推广、技术支持、客户服务人员,成立初期建议由专业咨询和辅导实施团队参与经营决策和业务指导。

(2)入驻"社会粮"交易平台的粮食经销商、采购需求大的大C类客户及电商平台是交易平台最为核心的客户,也是起步阶段稳定运营的重要保障,建议采用长期采购合同、定制化服务等方式,稳定和活跃这类客户的采购量。

(3)针对大型企事业单位等大C类客户规模化,甚至定期制的采购形式,采用定期采购、预订、团购等定制化服务模式运营,为其提供企事业单位福利、国际学校餐饮食材、大型企业积分换购礼品供应等。

(4)第三方电商平台具有十分广阔的市场前景,对粮食产品需求量大,"社会粮"交易平台通过提供价格低、品质高、服务好的产品与第三方电商平台形成良好的伙伴关系,实现双赢。同时,可以在第三方电商平台上采用品牌化销售等方式,借助电商平台的流量进行广告宣传。

(5)采用合作经营、利润分成等方式,对传统经销商、零售商的经销及零售体系进行整合,充分利用各地经销商、粮食交易市场等的仓储、配送设施,提供仓储物流服务。

（6）适时开始线下体验店、加盟店建设，采用自建方式，以杭州为中心，打造体验店的样板，在客流量集中的地方，启动小范围试点，后逐步向北京、上海、广州、深圳等一线城市拓展。

（7）为入驻平台的粮食生产商、经销商、零售商、第三方商家提供增值服务。仓储、物流等服务设施建设以合作联营为主，与优势主体构建战略合作，作为平台仓储、物流网络的补充。金融、数据等服务以重模式为主，前期借助专业服务商的力量，在平台发展过程中逐步加强自身能力。对于品牌营销、运营等服务，前期采取服务外包的方式，由专业服务商提供服务；在平台良好运转的基础上，再充分发挥平台自身营销、运营的成功经验，为入驻的第三方商家提供服务。

6.3 "交易所"模式设计与运营策略

6.3.1 概念设计

"交易所"模式是指为省内外粮食购销、加工企业、种粮主体提供粮食交易和质价差异化交易的场所，并具有交收、清算、仓储、物流、融资和信息等多项服务功能。该模式主要面向稻米交易，以籼米、粳米和糯米为主，逐步发展其他类型的谷物交易。可考虑将交易所命名为杭州稻米交易所，以即期现货交易为基础，积极发展电子撮合、挂牌交易、竞价交易等模式，逐步发展中远期业务，消除即期现货交易的偶然性和不确定性，使得买方有相对稳定的货源，卖方有相对稳定的销路，致力于将杭州稻米交易所发展成为国内稻米交易的龙头市场，在交易、价格形成、结算等领域占有支配主导地位。稻米交易所的概念设计如图 6-8 所示。

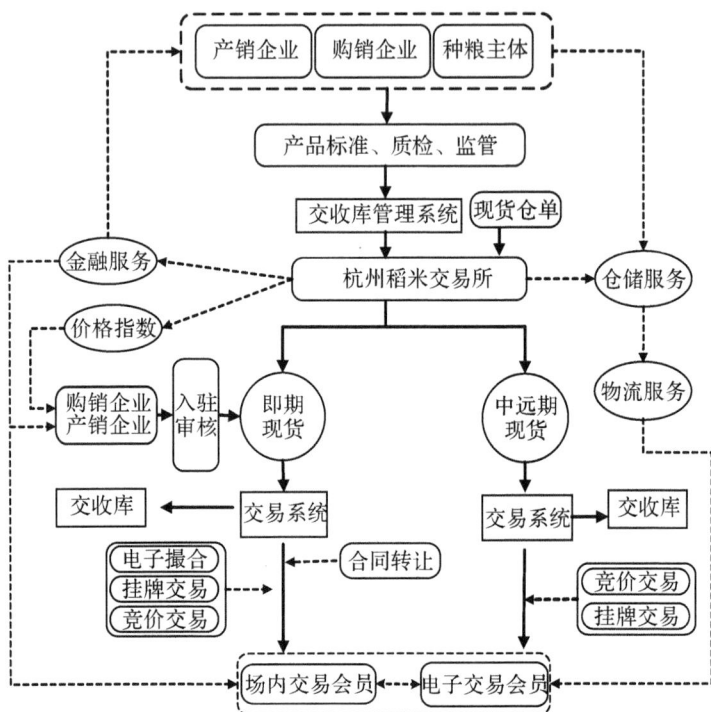

图 6-8　稻米交易所概念设计

6.3.2 运营模式

稻米交易所的具体运营，先以即期现货交易为主，再通过交易所完善的功能设计，以金融等增值服务的提供为重点。在此基础上，以集聚的交易商为基础，逐步开展稻米中远期现货交易，形成即期与中远期联动发展的格局。

1）即期现货模式

我们需要先对稻米交易所的项目整体进行系统全面的设计，充分利用现有的粮食交易基础，厘清发展形势，向国家、省里相关部门申请稻米现货交易所的牌照。在交易所运营的初期,主要将即期现货模式做大,形成国内知名影响力。建议成立独立的公司来负责稻米交易所的投资与运营管理工作,可吸收专业的运营公司、技术公司成为合作伙伴,积极引入云计算、区块链等新兴技术,打造全过程在线交易系统,完善平台功能与用户体验。在运营方面,初期,以交易量大的籼米为切入点,通过导入现有供应商、采购商的资源,以及地推等方式,吸引国内主要的籼米购销商入驻交易所。同时,不断加强交易所与外部粮食交易市场的合作,实现交易商资源的不断集聚。在运营过程中,可优先考虑引入金融、物流领域的战略投资者,完善产业链服务体系与提升服务水平。同时,也可考虑引入战略性财务投资者,加大对研发、人才与市场推广等领域的投入。

2)中远期现货模式

基于交易所交易商的积累,可积极开展稻米中远期现货交易,以逐步满足交易商风险规避、稳定货源与买主的需求。在开始运营之前,主要是深入调研市场的需求,并在此基础上确定交易品种,制订中远期现货交易的基础性合约条款。在运营初期,重点是要充分激发已入驻的交易商的中远期交易需求,并适当发展投资者进入交易所进行交易,注重发展交易、交割、结算、风险监控、信息发布和会员等服务。由于中远期现货交易中,贸易条件的多样性,原则上不实行公开竞价的方式,而实行一对一的协商方式,并最终敲定交易的全部内容,进而签订合同。因此交易系统的设计与开发至关重要,需要系统可以进行在线协商且签订合同,但同时又要满足合同的法律效应、信息保密等要求,交易所可以采用与有经验的软件系统服务商进行合作的方式,开发交易系统。

6.3.3 盈利点设计

稻米交易所的盈利点主要来自两个部分：服务收益与租用收益，如表6-6所示。

表6-6　稻米交易所盈利点设计一览表

	盈利点	盈利点说明	收益实现条件
服务收益	资讯服务收益	为平台高级会员提供市场需求信息分析、价格趋势分析等资讯服务	当项目成熟适时提供该项服务
	物流服务收益	为平台的交易双方提供物流服务，按次收取物流服务费用	选择物流服务合作商，向交易双方提供服务时，即可实现该项收益
	仓储服务收益	为平台交易主体提供仓储服务的收益	选择自建或与外部仓储服务商合作，向交易双方提供服务时，即可实现该项收益
	金融服务收益	根据交易记录，提供融资和保险服务	当项目成熟适时提供该项服务
租用收益	沉淀资金收益	交易双方提供的保证金、货款等沉淀资金	项目启动时即可实现该项收益
	交易佣金	交易双方在交易所进行交易而收取的费用或佣金	项目启动时即可实现该项收益

6.3.4 主要流程

即期现货交易与中远期现货交易主要包括电子撮合交易模式、挂牌交易模式，以及竞价交易模式，不同的模式对应不同的流程。但即期与中远期的交易流程基本一致，中远期更多的是采用挂牌交易与竞价交易这两种模式，具体情况见图6-9所示。

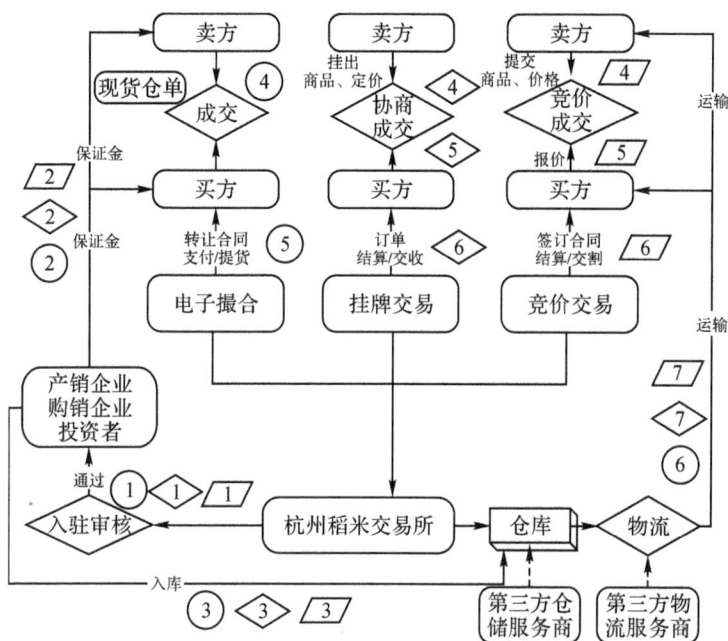

图 6-9 稻米交易所模式流程

1) 电子撮合交易流程

电子撮合交易主要的交易对象为现货仓单,交易方式相对比较标准,包括了连续竞价和开盘集合竞价这两种,其的交易流程基本相似,只是交易的阶段不同。交易所对交易方进行保证金控制、商品涨跌停限制、持仓控制和强制平仓等管理。主要的交易流程为:

①稻米购销企业、产销企业、投资者(包括经纪公司)向交易所申请开户,并提交相关的材料。交易所审核同意后,获得交易会员的资格,成为交易商。

②交易商通过在交易所合作认可的银行开立账户,便可进行出入金的操作。在交易之前,交易商必须缴纳保证金。

③即期现货交易中,拥有稻米的主体将稻米存放于交易所自建的仓库,或者交易所合作认可的第三方仓库中,检验合格后,形成存货凭证。

④在交易时,卖方发出卖出指令,买方发出买入指令,当价格达成一致时,交易达成。

⑤交易达成后,有两种选择:一是买卖双方可转让合同,其中一方获取利差。二是进行稻米的交割,由卖方提交注册仓单,买方进行全面货款支付,由交易所进行转移支付。卖方获得一定比例的货款,待买方验收货物没有问题后,再获得余款。

⑥货物交割时,如买卖双方有物流运输的需求,可由交易所合作的物流企业进行稻米的运输服务。

2)挂牌交易流程

挂牌交易属于多对多的即时交易,是指交易商通过交易所,对其出售商品挂牌卖出或对其寻购商品挂牌买入,在对方认可挂牌方提出的条件时摘牌成交的现货商品买卖行为。挂牌交易允许交易双方进行定制化的产品交易,而由于定制化成品的复杂性,在交易过程中允许买卖双方进行交易价格的协商。

挂牌交易流程①②③与电子撮合交易流程的①②③相同,这里不再赘述。

④卖方对自身的稻米产品进行管理,挂出待交易的产品并给出其初始价格。交易所对交易商品的产地、品种、品名、材质和质量标准等进行详细的规定,以确保交易商品符合交易者的要求。

⑤买方根据当前行情中显示的商品信息是否符合自身标准,可进行摘牌操作,也可进行议价操作。

⑥摘牌成功后,交易达成,也便生成正式订单。此时,卖方需提供提货单、质检单等文件,买方进行付款,通过交易所进行结算。

⑦买方提货,仓库交割。买方可同时申请物流运输对接服务,由交易所的合作物流企业进行稻米的运输服务。

3)竞价交易流程

竞价交易在本质上属于拍卖交易,其包括了竞价买与竞价卖两种:前者的初始价格为最低价,并由低到高发展;后者的初始价格为最高价,并由高往低进行。竞价交易主要适用于一对多的交易,在上述 3 种交易中,竞价交易的商品的灵活性最大。

竞价交易流程的①②③与前两种交易流程的①②③相同,这里不再赘述。

④在竞卖模式中,卖方挂出商品,并设置底价;在竞买模式中,买方挂出所需商品,并设置顶价。

⑤多个买方或卖方进行出价,在竞卖中,出价最高者竞得商品;在竞买中,出价最低者获得合同。

⑥在竞拍成功后,买卖双方签订购销合同。卖方提供提货单、质检单,买方支付货款,交易所进行结算。

⑦买方提货,仓库进行交割操作,并根据客户的需求,可由第三方物流服务商提供物流运输服务。

6.3.5 实施策略

1)交易商选择策略

稻米交易所的交易商主要包括稻米产销企业、稻米购销企业、投资者、经纪公司等。交易商的选择策略和合作模式如表 6-7 所示。

表 6-7　交易商选择策略与合作模式一览表

交易商类型	交易商选择要求	合作模式
稻米产销企业	以稻米主产区为重点,具有地域品牌优势,且具有一定的企业规模,能够保障较稳定的产量供应;符合交易所稻米产品质量标准要求,企业经营稳健,信用水平良好	平台入驻、交易参与、仓储物流合作
稻米购销企业	以稻米批发商、分销商与采购商为主,具有一定的市场规模,能够保障较稳定的采购量与销售量;企业经营稳健,信用水平良好	平台入驻、交易参与、仓储物流合作
投资者	具有较好的风险意识与抵御能力,优先考虑单位投资者,具备稻米投资交易的专业能力,稳健性较好	平台入驻、交易参与
经纪公司	具备正规合法的资质,具备一定规模及业务网络,拥有较好的平台推广、投资咨询、客户经纪服务等专业服务能力	平台入驻、交易参与、投资者发展

2)产品组合策略

交易所在成立之初,以籼米产品为核心,构建涵盖籼稻、粳稻、糯稻的全产品体系;以优质地区供应商集聚供货为亮点,促进交易所平台做大总量规模。随着交易所平台运营的逐步成熟,其以交易商资源与仓储资源为根据,进一步扩大产品品类,发展稻米周边产品与相关产品,实现饲料、菜籽油等产品的市场拓展。

3)运营策略的成立

(1)杭州稻米交易所的成立是杭州国家粮食交易中心以稻米为核心领域,进行垂直化发展的重要举措,也是对新兴业务的创新发展。由于交易所的运营涉及面较广,建议成立独立的股份公司全面负责交易所的运营,可吸引金融、仓储物流等优势资源主体参与到公司组建中,发挥各自专业能力。

（2）在团队与运营力量的组建和分配上,稻米交易所实现了即期现货与中远期现货并重发展的模式,强化发展交易所的套期保值、价格发现与金融服务功能。

（3）稻米交易所应增加对交易商的招募力度。在运营初期,在服务、费用等方面给予支持,建立优质产销企业与购销企业名单,吸引优质交易商入场。

（4）稻米交易所要充分发挥经纪公司的力量,尤其是在发展之初,要以经纪公司为核心,发展一批优质的稻米交易投资者,活跃市场交易氛围。

（5）持续保障稻米产品质量,提供有价值的增值服务,吸引优质交易所入场交易,是稻米交易所良好运营的核心。

（6）稻米交易所可结合项目的推进,以国内主要产地、浙江省周边主要销地为主,借助舟山港口与自贸区资源,逐步进行自有仓储与合作仓储的建设。在物流服务能力建设上,主要采用合作方式进行。

（7）在运营成熟后,稻米交易所注重发展价格发现、信息资讯等服务,建立与外部同类交易所的合作,加强数据共享与分析,根据交割型、投资型交易商的不同诉求,提供高水平的增值服务。

6.4 "国际采购"模式设计与运营策略

近年来,我国粮食进口量迅猛增长。2015 年,玉米进口量同比增长 82%,稻米进口量同比增长 31%,大麦进口量同比增长 98%,高粱进口量同比增长 85%,市场规模日渐庞大。同时,尽管出口趋势放缓,但在 2015 年,中国粮食出口总额仍有 620 亿美元的市场规模。因此,在"国际采购"模式中，基本分为进口与出口两类。

6.4.1 概念设计

"国际采购"模式是指通过进口或出口的方式进行粮食的国际性交易，主要通过交易平台的搭建，吸引国内外供需方入驻，通过各类服务的提供，实现信息对接与交易达成。在进口模式中，又可以分为两类交易：一是小麦、玉米、大米这三类受配额限制的主粮，进口商中国有企业占比较高；二是 DDGS（Distillers Dried Grains with Sdubles，酒糟中的蛋白饲料）、木薯、大麦、高粱等不受配额限制的饲用谷物，市场化程度较高，是进口模式中初期发展的重点所在。在出口模式中，以大米、大豆等优势产品，以及特色粮食产品为主，运营中以帮助国内供应商进行海外市场拓展为重心。可以说，"国际采购"模式的启动总体门槛较高，在运营中可以联合优质的合作伙伴，在国际供应商资源、采购商资源及国际物流资源形成合力后，逐步打造具有国际影响力的粮食采购平台，并与 B2B、B2C 及交易所模式实现功能互通，丰富业态，构建并发展生态链条。稻米"国际采购"模式的情况见图 6-10。

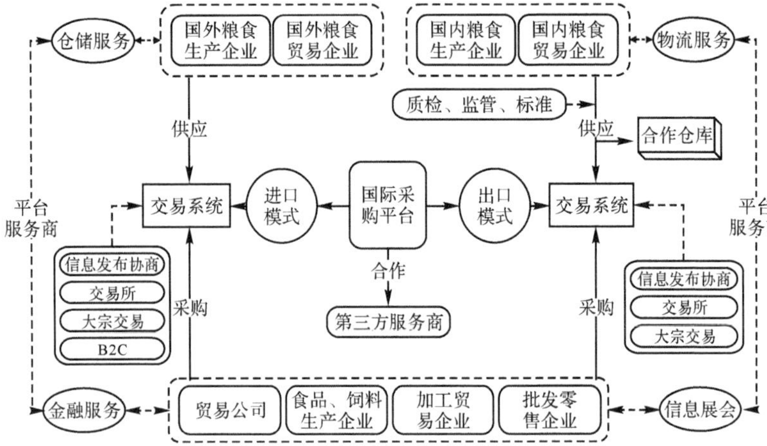

图 6-10 稻米"国际采购"模式概念设计

6.4.2 运营模式

"国际采购平台"的运营,初期以进口模式的运营为主,也是未来平台发展的侧重点所在,核心在于吸引具有配额的采购商入场交易。出口模式作为"国际采购平台"的补充业务,侧重点在于为国内粮食出口企业提供代参会展、退税垫资等增值服务。

1)进口模式

基于粮食市场的发展形势,进口模式将作为重点发展的模块。根据粮食交易品类的不同,又可分为两类:一类是非配额类粮食,主要包括大豆、饲用谷物等。该类产品由于不受配额限制,是初期发展的重点,主要是吸引油料加工企业、饲料加工企业、贸易企业的入场交易。杭州国家粮食交易中心也可开展部分热销产品的自营业务与代理业务,进行大宗商品的整批进口,分散零售。另一类是配额产品。其运营的核心在于吸引具有粮食配额的企业入场交易,但由于该类企业往往颇具规模,可考虑与若干龙头企业形成战略合作关系进行业务推广。同时,杭州国家粮食交易中心可积极申请自有配额,逐步做大业务量。在交易的方式上,进口模式最为普通的是信息的对接与交易撮合,平台仅提供信息发布与沟通的渠道。进一步地说,在成为交易会员后,交易双方可通过交易所、大宗交易平台进行交易,也可与面向小 B 或大 C 类客户的平台进行对接。在进口模式中,增值服务的提供是平台可持续发展的关键。为此可积极对接杭州市、宁波市这省内两大国家跨境电子商务试点城市的创新举措,在信息对接、通关服务、仓储服务、物流服务和金融服务等方面,提供高效率的跨境进口综合代理服务。

2)出口模式

出口模式作为"国际采购平台"的补充,与进口模式的业务流程正好相反,主要为国内粮食出口商服务。因此,寻找国外采购商,并向其进行产品的推介,让其成为平台的交易商便至关重要,这也需要"国际采购平台"具备较强的市场推广能力。在发展初期,市场的推广在于构建完善的交易平台,实现对国内出口粮食供给企业与主体的整合;在此基础上,结合国外粮食采购会等展会,向国外采购商进行平台与产品推介。同时,基于跨境电子商务的发展,以海外仓等载体构建为基础,整合国内大 C、小 B 资源形成 B 类能力,大力发展面向国外小 B 的交易。出口模式在市场推广上,尤其是进行信息发布方面,可与阿里巴巴国际站等平台进行对接合作。在交易方式上,出口模式主要支持信息发布协商、交易所及大宗交易三类,在初期以简单的信息发布协商为主。交易所与大宗交易的模式,需要"国际采购平台"构建起有效的外贸综合服务平台进行支撑。

6.4.3 盈利点设计

"国际采购平台"的盈利点主要来自 3 个部分:服务收益、租用收益与经营差价,具体如表 6-8 所示。

表 6-8 国际采购平台盈利点设计一览表

盈利点		盈利点说明	收益实现条件
服务收益	会员服务收益	为平台会员提供代参国际采购会、信息发布、交易撮合等会员服务	当项目成熟适时提供该项服务
	仓储服务收益	为进口商提供国内仓储,为出口商提供海外仓储服务的收益	选择自建或与外部仓储服务商合作,向交易双方提供服务时,即可实现该项收益
	金融服务收益	根据交易记录,提供供应链融资、退税垫资等服务	项目启动时即可实现该项收益

续　表

	盈利点	盈利点说明	收益实现条件
租用收益	沉淀资金收益	交易双方提供的保证金、货款等沉淀资金	当项目成熟适时提供该项服务
	交易佣金	交易双方在交易所、大宗交易平台进行交易而收取的费用或佣金	当项目成熟适时提供该项服务
经营差距	物流服务差价	通过业务量聚集掌握货源优势,可实现物流资源的整合,实现自身物流领域整合批发转为零售的差价盈利	当项目成熟适时提供该项服务
	产品差价	通过自身批量进口粮食产品,以分散的形式进行分销,赚取差价	项目启动时即可实现该项收益

6.4.4 主要流程

进口交易与出口交易在流程上正好相反,进口交易重点在于国内采购商,出口交易重点在于国外采购商,但两者都是围绕交易平台展开,需要信息、仓储、物流等基本服务,且必须经过海关、检验检疫、外汇等行政管理过程,相关的增值服务也具有一定的类似性。

1)进口交易模式流程

进口交易(图 6-11)主要包括配额商品与非配额商品两个部分,其交易流程较为相似,但在交易主体与对象上存在较大的不同。配额交易对象的规模往往较大,而非配额商品面临的市场结构更为分散。

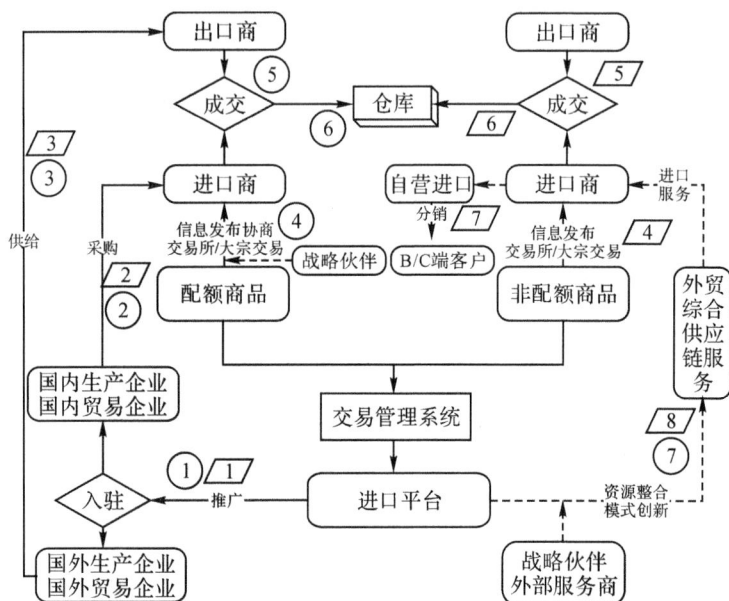

图 6-11　进口交易模式流程

（1）配额商品交易。

配额商品交易是面向国家管理的配额粮食产品，即玉米、小麦与大米三类商品进行的交易，一般而言交易量比较大，拥有配额的主体一般都是规模性企业。主要流程包括：

①平台以互联网、地推等方式，进行进口业务的推广，重点吸引国内贸易企业，食品、饲料等行业生产企业入驻；再以采购需求为导向，引入国际上主要的玉米、小麦与大米生产、贸易企业。

②国内生产企业、贸易企业根据自身的需求，在平台建立商铺，发布商品的需求信息。

③国外生产企业、贸易企业根据市场需求与自身产品特色，在平

台建立商铺,发布商品的供给信息。

④平台提供两类交易方式:信息发布协商,以及交易所/大宗商品交易,交易双方可根据交易成熟度选择合适的交易方式。

⑤双方达成一致,签订交易合同,安排进口相关手续与事项。

⑥货品进口后,可进入平台自有或合作伙伴的仓库,并基于此进行其他类型的交易,也可直接运输至进口商仓库。

⑦平台联合战略伙伴、外部服务商,基于在仓库、物流运输、港口资源、政府关系、增值服务等领域的积累与优势,为交易达成后的交易双方提供供应链综合服务。

(2)非配额商品交易。

非配额商品交易是面向不受国家限制的粮食产品,主要为DDGS、木薯、大麦、高粱等饲用谷物商品,面向消费者的高端、特色粮食产品进行的交易。由于相对市场化,中小主体较多,可着力发展自营业务。主要流程包括:

①平台以互联网、地推等方式,重点吸引国内贸易企业,饲料、酒类等行业生产企业入驻;并以采购需求为导向,建立优质供应商目录,引入一批国外DDGS、木薯、大麦、高粱等生产与贸易企业。

②国内生产企业、贸易企业根据自身的需求,在平台建立商铺,发布商品的需求信息。

③国外生产企业、贸易企业根据市场需求与自身产品特色,在平台建立商铺,发布商品的供给信息。

④非配额商品也可进行两种类型的交易,初期以信息发布协商入手,后期逐步将交易双方导入交易所或大宗交易平台中。

⑤交易双方就交易条件达成一致后,签订交易合同,准备进口相

关材料,办理进口手续。

⑥商品进口后,进口商可将商品存放于平台自有仓库或第三方仓库中,以进行进一步的分销与销售。

⑦平台进行部分业务的自营,自营产品进入国内仓库后,通过交易所等平台,主要面向小 B 或大 C 类客户进行分销、零售。

⑧平台为交易双方提供外贸综合供应链服务,其涵盖金融、物流和通关等方面。

2)出口交易模式流程

出口交易(图 6-12)主要包括自有平台与第三方电商平台两个模式,核心在于打造面向粮食出口的综合供应链服务能力。自有平台建设的重心在于出口供应商的资源整合,包括国内仓、海外仓在内的服务体系建设。第三方电商平台作为发展辅助,主要是利用其流量优势,导入采购商资源。

(1)自有平台。

自有平台是指本项目基于"国际采购平台"开发的专有平台入口,主要为粮食出口主体提供服务,流程设计的重点在于融入了跨境电子商务"单一窗口"服务平台,发展了 B2B2B 与 B2B2C 模式,积极发挥了便利化通关与海外仓的功能与优势。

①平台通过会展、互联网等渠道,进行招商与推广,吸引国外食品、饲料等以粮食为原料的生产企业,以及贸易企业入驻。同时,以项目中其他平台为依托,集聚、整合一批国内粮食生产企业、贸易企业入驻。

②国外采购商在平台发布粮食采购需求,并浏览、查询粮食供给信息,平台可同时进行信息的推荐。

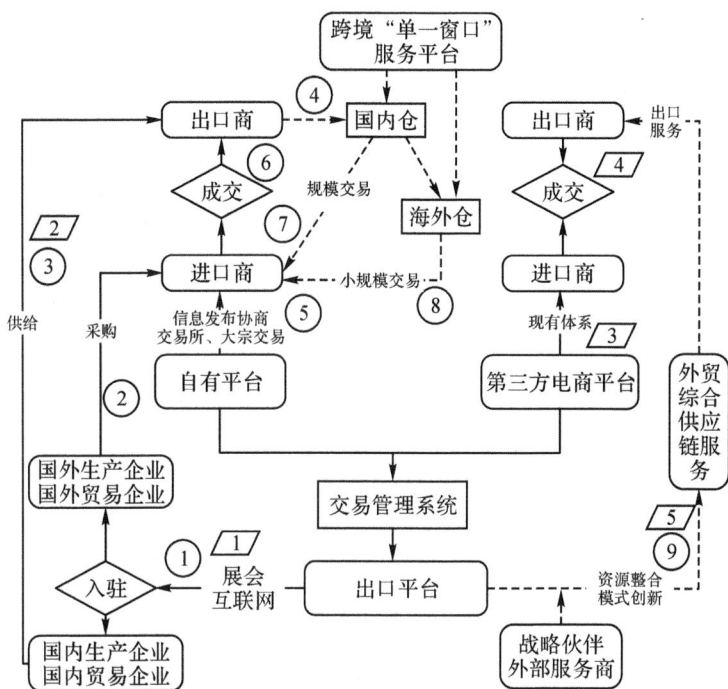

图 6-12 出口交易模式流程

③国内供应商在平台发布粮食供给需求,并浏览、查询粮食需求信息,平台可同时进行信息的推荐。

④国内供应商将粮食产品存放于平台自有仓库,或经平台认可的第三方仓库中,接受对产品的质量检验,获得质量等级证书。

⑤平台提供两类交易方式:信息发布协商,以及交易所/大宗商品交易,交易双方可根据交易成熟度选择合适的交易方式。

⑥供需双方达成交易,签订交易合同,根据国家粮食出口的程序与要求,准备各种出口文件。

⑦对于出口量大的规模性交易,直接由国内仓经物流服务商,结

合"单一窗口"服务平台的便利化流程,运输至进口商指定的交货地点。

⑧为实现对小批量粮食产品的出口,结合"单一窗口"服务平台的便利化流程,结合对出口需求市场的数据化研判,供应商先将粮食产品整批运输至海外仓,再由相关主体进行零售分批的销售与运输。

⑨在交易达成后,以出口商为中心,平台融合仓储、物流、金融和通关等能力,为其提供综合供应链服务。

(2)第三方电商平台。

①平台通过互联网、地推等方式,吸引国内大米、大豆、特色粮食等粮食生产企业、贸易企业入驻。

②粮食生产企业、贸易企业在平台设立商铺,发布粮食供给信息。

③平台实现与第三方B2B电子商务平台的对接,将供应商以整体的形式入驻第三方平台中,利用其采购商流量的优势。

④供需双方达成一致,签订合同,根据两国出口进口相关规定,准备出口相关文件,履行手续。

⑤平台以专业化的粮食行业供应链服务为核心,围绕出口商,为其提供与出口相关的增值服务。

6.4.5 实施策略

1)交易商选择策略

"国际采购平台"的交易商由国内企业与国外企业两个部分组成。这两个部分均包括了粮食贸易企业、生产型用粮企业、粮食生产企业。交易商的选择策略和合作模式,如表6-9所示。

表6-9　交易商选择策略与合作模式一览表

交易商类型		交易商选择要求	合作模式
国内企业	粮食贸易企业（进口型）	具有主粮进口配额企业，以及饲用谷物经营权力的企业 具备一定的企业规模，采购量稳定 企业经营稳健，信用水平良好	平台入驻、交易参与、供应链服务合作
	生产型用粮企业	食品、饲料等加工企业 企业规模不限，中小企业可作为重点对象 企业经营稳健，信用水平良好	平台入驻、交易参与、供应链服务合作
	粮食贸易企业（出口型）	大米、大豆等粮食产品贸易企业，特色粮食产品贸易企业 产品质量有保证，有品牌为佳 企业经营稳健，信用水平良好	平台入驻、交易参与、供应链服务合作
	粮食生产企业	大米、大豆及特色粮食生产企业 产品质量有保证，有品牌为佳 企业生产稳健，可保证稳定的供应	平台入驻、交易参与、供应链服务合作
国外企业	粮食贸易企业（出口型）	面向主要产粮国，以大中型粮食贸易企业，特色粮食贸易企业为主 产品质量有保证，供给稳定 企业信用水平良好	平台入驻、交易参与、供应链服务合作
	粮食生产企业	规模性粮食生产企业 产品质量有保证，生产稳定 企业信用水平良好	平台入驻、交易参与、供应链服务合作
	粮食贸易企业（进口型）	规模性粮食贸易企业、中小型粮食零售商 采购量稳定，企业信用水平良好	平台入驻、交易参与、供应链服务合作
	生产型用粮企业	中小型用粮型生产企业 采购量稳定，企业信用水平良好	平台入驻、交易参与、供应链服务合作

2)运营策略

(1)"国际采购平台"作为整个项目的补充,在"政策粮"与"社会粮"两大业务模块之外的创新模块,具有较大的市场发展空间。但受到政策限制,以及交易复杂性的影响,该平台的启动运营需要投入较大的力量,也需要配套专业的综合供应链服务。因此,需要构建与现有外部主体的战略性合作,推行运营公司平台化战略。

(2)进口业务的运营关键:一是联合若干大型的配额企业,以龙头企业带动中小及周边企业入场交易;二是以综合供应链服务为核心,大力集聚一批饲用谷物企业。在此,平台可以中小企业为重点,着力发展代理进口业务。

(3)出口业务的运营关键:一是构建有效的服务体系,主要包括与跨境"单一窗口"服务平台的联动建设,国内仓、海外仓的建设布点,供应链服务对仓储、物流和金融等资源的整合;二是摸清粮食出口的主要国家及信息渠道,强化对海外采购商的吸引力度。

(4)代理进口业务是"国际采购平台"可着力发展的业务,帮助中小企业低成本地实现对粮食商品的采购。

(5)在运营中期,"国际采购平台"可发展自营业务,主要为自营进口。具体根据运营后所得的交易数据,在掌握国内企业需求与名单的基础上,选择若干品类的粮食进行自营进口,实现整进零出,赚取差价。

(6)服务中小企业是"国际采购平台"发展的重要方向,中小企业也是平台最为重要的服务对象。平台需注重根据中小企业的需求,提供增值服务。

(7)仓储、物流等服务以轻模式合作为主,与优势主体进行战略合作；金融、数据等服务以重模式为主，注重构建自身能力。

6.5 "数据服务平台"模式设计与运营策略

6.5.1 概念设计

本书涉及"智慧粮食"数据服务平台的概念设计如图 6-13 所示。

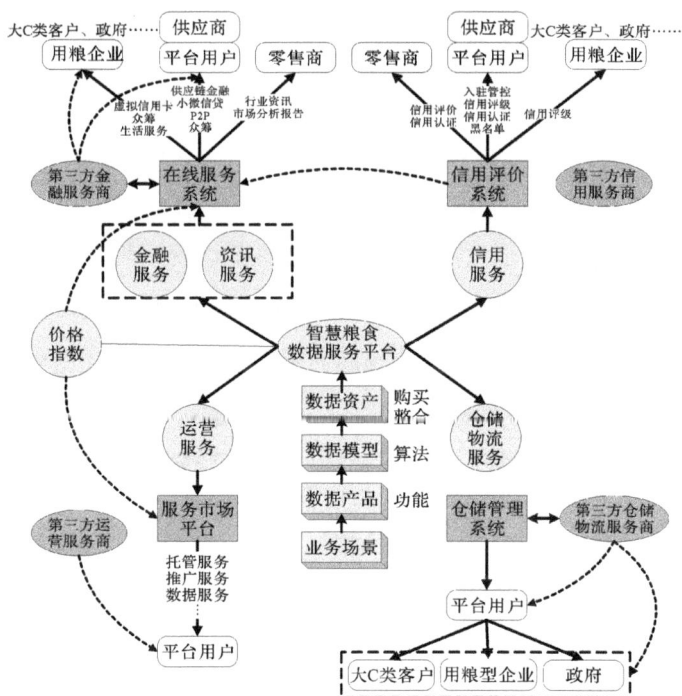

图 6-13 "智慧粮食"数据服务平台概念设计

"智慧粮食"数据服务平台以粮食生产商、粮食经销商、政府、海外供应商、投资者 5 类为粮食供应商，以粮食经销商、用粮型生产企业、政府、粮食零售商、大C类客户、投资者6类为主要服务对象。该数据服务平台是指在积累一定交易数据的基础上,通过对数据的挖掘与分析,向金融、价格指数、物流仓储、信用等领域的产业延伸。通过对资讯、粮食价格指数、信用、仓储物流、运营、金融等增值服务的不断发展,以及与第三方服务商的接入,实现服务类型的完善与丰富,从而形成以粮食产品交易、数据、金融、运营、仓储物流等环节为核心的服务生态系统,将信用、运营、金融、仓储物流等业态打造成为中国"智慧粮食"交易平台最为核心与最具竞争力的业务,并不断带动中国粮食产品交易的整个行业转型升级与跨越式发展。"智慧粮食"数据服务平台是中国"智慧粮食"交易中心项目平台中后期发展的核心所在。

该数据服务平台通过融入大数据、云计算技术,打造粮食大数据中心(图6-14),开展智慧挖掘分析,支撑粮食运营调控、市场管理与粮食产业创新,帮助粮食企业和政府部门精准判断、科学调度,为粮食安全服务,从而帮助更多的涉粮企业、粮食监管机构实现信息化;同时,通过远程监管平台和辅助决策系统,实现对全国粮食库存规模总量的分布分析、粮食质量状况的监管、粮情的监测预警、仓储的作业监控及粮库的运营分析,有力提升粮食保管和粮企管理水平。

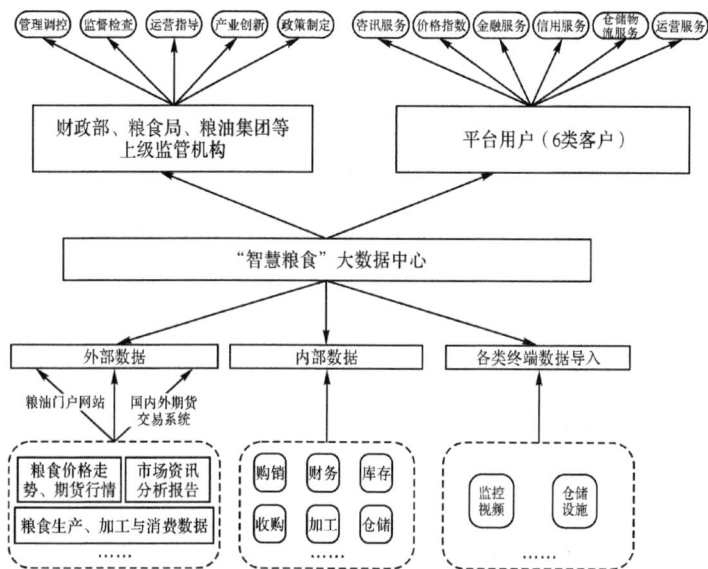

图 6-14 "智慧粮食"大数据中心

1)资讯服务

基于中国"智慧粮食"交易平台,"智慧粮食"数据服务平台汇集全国粮食近期交易信息,包括粮食价格走势、期货行情、市场资讯、分析报告、粮食生产加工与消费数据等,以第一视角的形式呈现全国各地各类粮食交易信息、供需情况及最新资讯;以行业快报的形式呈现各类粮食现货价格日报、价格走势及最新行业动态和政策法规;以市场直播的形式呈现全国粮食交易的地域、粮食价格指数、价格类型和交易价格等,这些将会为粮食供应商、经销商等在决策时提供良好的参考,以达到利益最大化的目的。

"智慧粮食"数据服务平台搜集了全国各地乃至国际市场上的粮食数据,包括粮食购销、粮油工业、粮企财务、行业人事、粮油市场质量安全监控、安全生产隐患点及整改情况、种粮大户及经纪人情况等数据。该平台通过数据分析,可以提高监管水平和效率;通过数据互通,使内部得以流畅协同;通过数据共享,能建立沟通渠道,促进和用户的互动。粮食企业还可以以"数据最优"的方式运营,建立顾客分析、商品分析、供应链分析,借此在竞争中取胜。一是为相关政府行政部门提供粮食实时动态信息、粮情监控等数据服务,综合利用粮食生产、消费、库存、加工和运输条件等信息资源,开发以数据挖掘技术为支撑的粮食流通形势、粮食供需、粮食价格预警模型,实现粮食信息资源的深度利用。二是根据对农户所在地的数据分析,结合农作物的品种类别及历史数据,为农户提供最佳的种植选择;并基于市场价格和需求的变化,精准预测未来收益,有力地保障农户收益。三是通过对国际粮食交易市场数据的分析,能够更好地为国内粮食企业提供实时的国际粮食交易价格、行情等数据咨询服务。

2)价格指数

粮食价格指数通常分为粮食批发价格指数和粮食零售价格指数。建立批发价格指数的目的,主要是便于分析研究全球粮食市场对国内粮油市场的影响,以及研究国内粮食批发价格和零售价格之间的关系;建立粮食零售价格指数的目的,主要是研究粮食零售价格对粮食消费市场的影响程度。批发价格指数包括小麦、玉米、面粉、大豆、豆油和色拉油等6个指数。零售综合指数包括面粉、大米、绿豆、大豆、花生油和色拉油等6个指数。

通过设立价格采集站,采集粮食价格,再经过科学计算得到的价格指数科学、直观和及时地反映了全国粮食市场的变化情况。选择价格采集点的原则要求是:选择品种齐全、交易额大的区县作为价格采集站,根据具体情况再选择具体多少为价格采集点,两级报送价格;选择有较大影响或有特殊意义的中心批发市场、农贸市场、超市和有代表性的企业,向它们直接报送价格;同一规格品种选择 3 个以上的价格采集点;等级复杂的规格品种适当增加辅助的价格采集点,逐级采集上报,最后进行数据汇总、整理、分析,为研究粮食市场价格变化规律提供科学依据,这些对于政府的宏观调控和企业的经营决策具有很高的参考价值,尤其是对中国"智慧粮食"交易中心平台上的粮食供应商、零售商的经营管理具有良好的经济参考价值,能够使他们实现经济利益最大化。

3)信用服务

"智慧粮食"数据服务平台基于项目以 B2B 为主、B2C 为辅的平台运营数据,形成较为全面的电商交易平台的 5 类粮食供应商、N 类服务商、6 类客户等企业主体的信用数据。信用数据主要包括平台用户企业的基本信息(企业身份信息、自然状况信息、组织信息)、企业的信用记录和状况信息(财务状况、企业付款和银行记录、法院及其他相关信息)和关于企业经营管理活动方面的信息。首先,对于主体的交易信用,通过交易平台中的交易记录、双方交易评价和交易数据资料,结合企业基本信息及生产、流通、销售中产生的所有信息进行分析得到,再据此其对客户进行信用等级的划分。信用等级高的买卖双方都可以在交易平台上获得优先推荐,从而使交易双方都可以获得优质的客户资源,促进交易的顺利完成。其次,通过对企业的信用记录和状态及政务平台上等的综合数据进行分析,进一步了解买卖双方的贸易诚信,以此作为后期向用户提供金融服务的风险评价依据。最后,平台中的诚信数据中心与地方政府进行数据资源共享,平台中信用等级高的企业,在今后的发展过程中,会享受到政府的优惠待遇和相关绿色通道。中国"智慧粮食"交易平台提出了一种新的多因素综合信用评价方法,如图 6-15 所示。

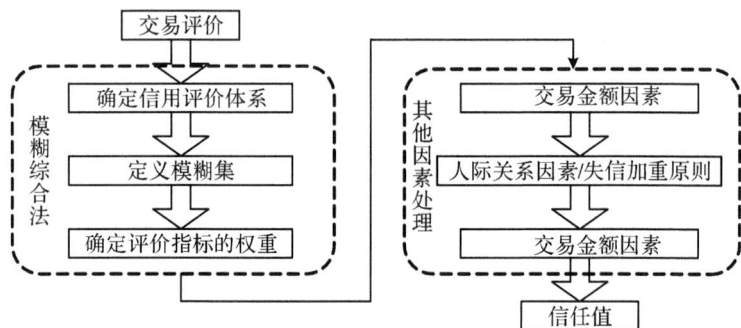

图 6-15 信用评价方法

4)运营服务

通过粮食大数据中心的构建,为中国"智慧粮食"交易平台可持续发展提供方向和服务支持:一是通过对各类数据接口的开发,加大对各类服务商、供应商资源的整合力度和客户需求的集成力度,通过集聚初步形成规模效应,提升数据运营能力;二是通过数据合作、业务合作、技术合作和地区合作的方式整合外部粮食交易平台,加强与国家、其他省市粮食平台,以及市场化粮食交易平台的合作,实现货源、客户、数据的共享协作,做强影响,做大市场;三是在中国"智慧粮食"交易平台项目进行产品分销与零售时,可通过与大型消费型电商平台合作,成为大型电商平台的粮食产品资源整合商。

中国"智慧粮食"交易平台既可以帮助客户代采、代拍储备、代销、代理套保、代理交割等各种运营服务,也可以帮助粮食经销商、用粮型生产企业、政府、粮食零售商、大 C 类客户、投资者等平台用户代运营,由专业运营企业负责平台的整体搭建与运营。根据项目发展需要,可引入数据、金融等领域战略合作方,合作方应在风险模型、挖掘算法等方面具有成熟的经验与能力较强的技术人员,各平台用户也可独立进行运营。

5)仓储物流服务

"智慧粮食"数据服务中心重点围绕项目 B2B、B2C 平台所涉及的大宗商品的仓储与物流配送问题,利用已合作的物流服务企业,发展仓储管理系统与物流管理系统;采用多式多级联运,实现各种资源间的优化调度;集聚粮食产品、粮食供应商、粮食经销商、消费者、仓储、物流和配送等全面数据,完成交易与数据闭环,并支持供应链金融、小额信贷等业务的开展。在此基础上,"智慧粮食"数据服务中心结合国家粮食交易中心原有的零售商资源,将零售商转化为仓储与物流配送服务商,积极引入第三方大宗商品专业仓储与物流服务商,构建"系统＋实体"的仓储与物流服务资源网络。

6.5.2 运营模式

"智慧粮食"数据服务平台的运营是以数据采集、清洗、挖掘和分析为基础的,以资讯、金融、信用、运营和仓储物流为五大重点领域,不断向其他相关领域拓展。该平台总体采用自有经营＋第三方服务的运营思路、自建团队＋参股专业主体的运营方式推进,结合所构建的交易平台中的产品与各参与主体的特点,设计、创新服务产品,逐步将金融、信用、运营等服务发展成为最为核心的业务。

(1)在粮食作为大宗商品交易业务顺利开展的基础上,需要组建强有力的技术团队,成立数据运营中心,可以实现对数据的高效采集、清洗、挖掘与分析。由于数据运营中心对整体项目平台,乃至国家粮食交易中心的未来发展都至关重要,则需要综合考虑技术人才的可获得性、与电商业务的对接便利性、与金融等业务的衔接、总体运营成本等因素;运营主体建议在已合作的数据公司基础上进行扩展,实现团队规模 30 人左右,形成在金融、运营、仓储物流等领域的 IT 系统的构建能力,从而开发较为成熟有效的风险评测、信贷额度测算模型,以及仓储物流优化调度算法。在此基础上,通过参股等方式,投资若干数据处理互补公司,以弥补在实际业务开展时面临处理瓶颈的数据处理领域的不足。同时,引入第三方独立软件开发商(Independent Software Vendors, ISV),针对平台数据开发分析工具和模型进行分析。

(2)在资讯服务的运营中,"智慧粮食"数据服务中心基于数据服务平台通过大数据、云计算等技术在粮食批发市场、电子交易中心、国内外期货交易系统、粮油门户网站、B2B/B2C/OTO 等电子商务网站进行网络及外部数据爬取,包括粮食价格走势,期货行情,市场资讯,分析报告,粮食生产、加工与消费等数据,为各类粮食服务商提供最新的粮食产品的价格走势、市场分析报告、行业动态及政策法规信息,实现利益的最大化。

(3)在金融服务的运营中,该项目坚持以"第三方金融服务为主,自有金融服务为辅"的推进原则。基于已合作的互联网金融服务公司,调整与优化发展方向,以供应链金融与小额信贷为主导,开发或购买成熟有效的在线信贷模型,积极创新服务产品。寻求具有相关金融业务牌照、对行业涉足较深的金融服务企业进行战略合作。做强小额信贷业务,基于平台交易数据及测算模型推行小额、短期无抵押贷款;做深供应链金融业务,探索发展收账款融资、订单融资、委托融资、代采购托盘、现货抵押、仓单质押、统购分销和保理等服务;做大理财业务,积极与第三方金融服务商合作,推进众筹等模式的发展;面向消费者、零售商等群体,逐步发展消费金融、理财投资的服务。

(4)在信用服务的运营中,建议由数据运营中心团队负责具体服务工作,结合中国"智慧粮食"交易中心涉及平台的特点,加强粮食交易数据的可获得性,利用所获得的交易数据信息和与其他平台的共享数据信息。针对服务平台上的粮食生产商、粮食经销商、消费者、投资者开发相关的信用评估、信用评级、黑名单评测等模型,引入银行、政府主管部门、第三方征信系统的数据,健全信用服务的数据采集维度,提升信用服务的权威性、公正性与可靠性,以此建立平台电商入驻信用标准,并划分等级,依托等级高低设置相应的针对数据中心的访问权限。同时在粮食交易中挂钩平台电商交易成功率、退货率、付款拖延情况及平台电商评价等信息,构建面向经销商、供应商和消费者的优胜劣汰机制,保证粮食产品、经销商、供应商与消费者主体的高品质。

(5)在运营服务的运营中,"智慧粮食"数据服务中心初期以自营运营服务为主,成熟期则以第三方运营服务为主。运营主体建议挂靠某一电子商务运营公司,设立平台商家运营服务部,覆盖运营推广、软件系统开发等服务项目。其根据第三方商家的数量与需求,动态调整运营人员与服务类型,并要适时接入第三方运营服务商,丰富运营服务的种类。除此之外,该平台还能提供客户代采、代拍储备、代销、代理套保、代理交割等各种运营服务。同时还可以做到以下 3 点:一是有周边地区粮食交易中心的参与,充分利用各地的业务资源与供应商、采购商资源,为平台提供发展的空间;二是实体粮食经营商户、网上商户的加入,不断丰富交易品类,增加了交易的可选择性;三是仓储物流、软件系统等服务供应商,依托中国"智慧粮食"交易平台软,硬件系统参与到运营中。

(6)在仓储物流服务的运营中,"智慧粮食"数据服务中心以提供系统与数据服务为主,由数据运营中心团队负责具体服务的开展,第三方则提供实体仓储、物流与配送服务。运营中心团队负责仓储与物流信息系统的开发,通过优化调度算法,对接仓储物流服务商已有系统,引导小微仓储物流提供商应用该平台物流信息系统,实现产品、仓库、车辆和人员等资源的优化配置与运营效率。

①利用大数据,建立消费者物流消费过程的各类数据库。在大数据时代,通过物联网和云计算等先进技术,能够有效记录粮食供应商、经销商、大 C 类客户在粮食交易及物流消费过程中的各种痕迹,为数据库的建立提供了技术保障和数据基础。由于大数据时代的数据保障,可以建立起各类粮食交易数据库,包括物流服务价格和结构数据库、物流投诉数据库等等。上述数据库的建立,为分析物流满意度、制订合理的物流价格和结构、预测物流需求等提供了基础和保障。

②通过分析物流消费过程的相关因素,对增值服务的效果进行预测。通过分析粮食企业物流消费过程中的相关因素,比如客户需求、购买频次、购买方式、投诉内容和物流配送周期等,有效预测客户的消费意愿、客户对物流服务的需求内容,从而主动提供个性化的服务预测。此外,还可以分析仓库管理、物流管理,并结合天气、地理等外部数据,为优化物流服务价格与结构进行预测,同时为物流优化、供应链协同等进行预测。

③利用大数据资源,降低逆向物流的发生概率。由于逆向物流的形成有很多原因,其会发生在终端消费者、零售商、批发商、运输商等任何一个节点上。降低逆向物流的发生概率,已成为降低成本、增加消费者满意度、强化竞争优势的重要手段。通过大数据的应用,针对不同平台的用户

物流细分需求,再利用相关性分析的结果,可以有效预测在不同物流节点中出现逆向物流的概率,从而针对概率高的情况提出有效措施,降低其产生的概率。当平台出现用户物流投诉时,平台可利用大数据的时效性,针对客户意见,及时有效地提出应对措施。这样不仅能够留住现有用户,还能够挖掘潜在用户。

6.5.3 盈利点设计

(1)资讯服务收益。主要包括数据产品销售、定制化数据服务购买、市场分析报告及平台数据输出收益分成等。

(2)金融服务收益。主要包括信贷利差、信贷业务手续费、众筹产品服务佣金、沉淀资金金融收入、融资服务费等。

(3)信用服务收益。主要包括信用数据输出收益分成、信贷业务利润抽成。

(4)运营服务收益。主要包括运营推广、系统软件开发等服务产品销售收益,广告收益,搜索引擎排名收益等。

(5)仓储物流服务收益。以软件系统技术服务费收益为主,仓储收益、物流配送收益等为辅。

6.5.4 主要流程

1)资讯服务

资讯服务主要包括 7 个流程,通过对平台交易数据、访问数据、支付数据等的分析,结合外部重要数据源,形成面向金融、信用、运营等业务场景的数据产品,为粮食零售商、粮食供应商等平台用户提供服务,具体如图 6-16 所示。

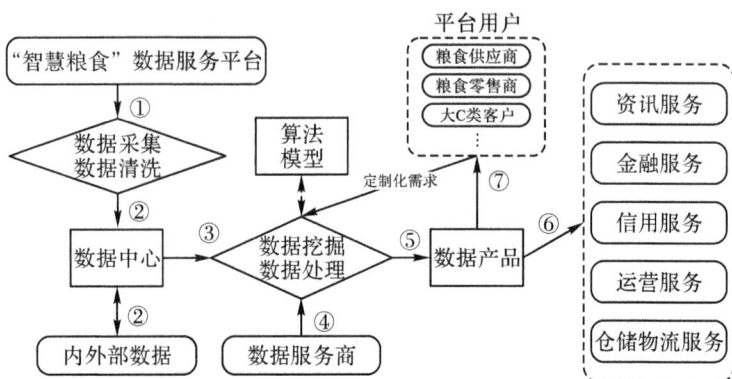

图 6-16　资讯服务主要流程

（1）资讯服务团队基于在线交易的开展，确定数据采集项，对平台的重要数据进行采集，并对所采集的数据按照一定的标准进行清洗，保留合格的有效数据。

（2）一方面，将清洗后的有效数据统一存入自建的数据中心；另一方面，根据数据产品的开发需求，寻求外部数据合作商，整合其数据至数据中心。

（3）借助平台数据服务主体自身所开发的数据处理算法与模型，对数据中心数据进行多种形式与目的的挖掘分析。

（4）设置相应的权限与数据开放流程，外部第三方数据服务商获取数据，并应用自身的独特模型对数据进行挖掘处理。

（5）结合不同的挖掘算法与数据来源，形成适合不同场景的数据产品。

（6）将数据产品整合再应用到金融服务、信用服务、运营服务、仓储物流服务等领域，实现数据产品的价值化。

（7）响应粮食零售商、粮食供应商、大 C 类客户等平台用户提出的不同需求,提供定制化的数据处理与分析服务,返回个性化数据产品及解决方案。

2)粮食价格指数

粮食价格指数计算流程如图 6-17 所示。

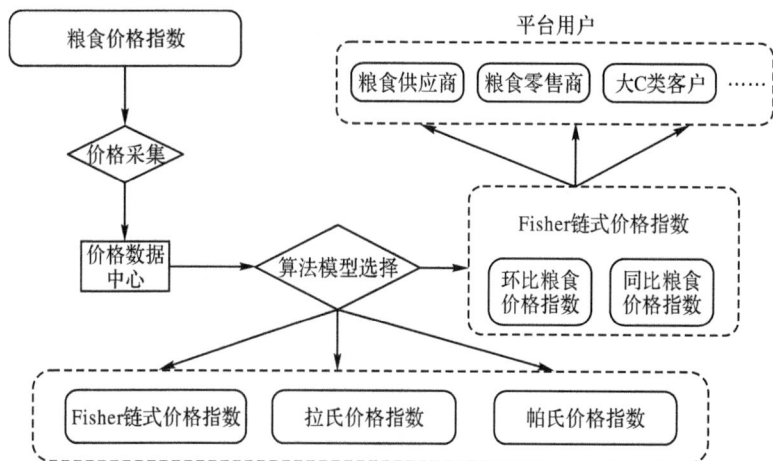

图 6-17　粮食价格指数计算流程

粮食价格指数包括帕氏价格指数和拉氏价格指数。拉氏价格指数 $P_L = \sum p_1 q_1 / \sum p_0 q_0$,其中 q_1 是报告期的数量权数,q_0 是基期的数量权数,p_1 为报告期代表商品的价格,p_0 为基期代表商品的价格。帕氏价格指数 $P_p = \sum p_1 q_1 / \sum p_0 q_1$。

中国农产品批发价格指数采用帕氏价格指数计算,但对于粮食价格指数的编制,由于粮食生产周期长、粮食类产品消费季节性强等,当特定粮食代表品成交金额随着时间发生较大变化,使用拉氏价格指数计算粮食价格指数时,会高估价格的变化程度;而使用帕氏价格指数计算粮食价格指数时,则会低估价格的变化。Fisher 指数为了综合拉

氏价格指数和帕氏价格指数的影响，对两者进行几何平均，即 $P_\mathrm{F} =$

$$\sqrt{P_L \times P_p} = \sqrt{\frac{\sum p_1 q_1}{\sum p_0 q_0} \times \frac{\sum p_1 q_1}{\sum p_0 q_1}}$$ 。

因此，针对粮食价格指数的计算，采用 Fisher 指数形式，但是 Fisher 指数有直接指数和链式指数之分。链式指数反映价格变化在若干时期内的累积情况，是这个若干时期内的所有环比价格指数的乘积。将链式指数换算成定基指数，相比直接计算定基指数而言，在遇到代表品更换和权数方案更改时，重新编制的工作量要小；同时链式指数可以在一定程度上反映出粮食产品的替代行为，减小直接指数计算的偏差，所以"智慧粮食"数据服务平台采用链式指数计算粮食价格指数。

通过 Fisher 指数计算得到环比粮食价格指数公式为 $I_{t,t+1} =$

$$\left[\frac{\sum\limits_{i=1}^{5} p_i^{t+1} q_i^{t+1}}{\sum\limits_{i=1}^{5} p_i^{t} q_i^{t}} \times \frac{\sum\limits_{i=1}^{5} p_i^{t+1} q_i^{t+1}}{\sum\limits_{i=1}^{5} p_i^{t} q_i^{t+1}} \right]^{1/2}$$

。其中，$t+1$ 表示报告期，t 表示基期，I_{t+1} 表示报告期的粮食价格指数，P_i^{t+1} 表示第 i 个代表品在报告期的价格，P_i^{t} 表示第 i 个代表品在基期的价格，q_i^{t+1} 表示第 i 个代表品在报告期的成交量，q_i^{t} 表示第 i 个代表品在基期的成交量。

通过 Fisher 指数计算得出的同比粮食价格指数为 $I_{y-1,m/y,m} =$

$$\left[\frac{\sum\limits_{i=1}^{5} p_i^{y,m} q_i^{y,m}}{\sum\limits_{i=1}^{5} p_i^{y-1,m} q_m^{y-1,m}} \times \frac{\sum\limits_{i=1}^{5} p_i^{y,m} q_i^{y,m}}{\sum\limits_{i=1}^{5} p_i^{y-1,m} q_m^{y,m}} \right]^{1/2}$$

。其中，y 表示年份（$y = 2003$, $2004, \cdots, 2014$），m 表示月份（$m = 1, 2, \cdots, 12$），$I_{y-1,m/y,m}$ 表示以 $y-1$ 年 m 月为基期的 y 年 m 月的粮食价格指数，$p_i^{y,m}$ 表示第 i 个代表品在报告期（y 年 m 月）的价格，$p_i^{y-1,m}$ 表示第 i 个代表品在基期（$y-1$ 年 m

月）的价格，$q_i^{y,m}$ 表示第 i 个代表品在报告期的成交量，$q_m^{y-1,m}$ 表示第 i 个代表品在基期的成交量。此时，链式 $Fisher$ 价格指数表示为 $I_{\text{Chained }t,t+k} = I_{t,t+1} \times I_{t+1,t+2} \times I_{t+2,t+3} \times \cdots \times I_{t+k-1,t+k}$。其中，$I_{\text{Chained }t,t+k}$ 表示第 t 期至第 $t+k$ 期的链式粮食价格指数。若要计算以第 r 期为基期的定基价格指数，且 $t < r < t+k$，以链式 Fisher 粮食价格指数为基础得出的换算公式为 $I_{\text{Direct }r,t+k} = I_{\text{Chained }t,t+k} / I_{\text{Chained }t,r}$。

因此，对于该平台定基粮食价格指数的计算，首先利用链式 Fisher 指数计算链式粮食价格指数，再根据固定基期某年某月的换算成定基粮食价格指数。中国"智慧粮食"交易中心平台通过 Fisher 链式价格指数计算得出各类粮食产品的价格指数，为平台商户提供参考。

3）信用服务

信用服务主要包括 6 个流程，主要通过对平台自有数据与外部数据的整合，形成较为全面、完整的信用数据，再结合信用水平评价体系及风险评估算法模型，为粮食零售商、粮食供应商、大 C 类客户、投资者等平台用户，甚至是外部市场主体提供认证、评价、发行等多种服务，具体如图 6-18 所示。

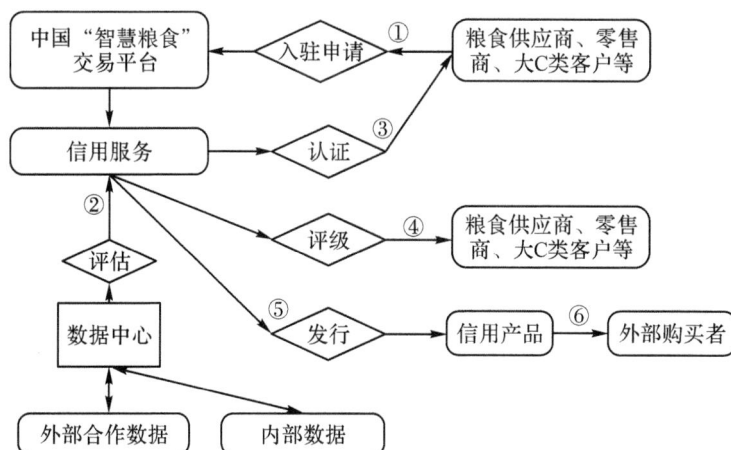

图 6-18　信用服务主要流程

①粮食零售商、粮食供应商、大 C 类客户等主体发起申请,申请入驻平台,成为供应商或平台用户。

②平台结合原有的数据积累,并与银行、通讯等机构及第三方征信机构进行数据合作,针对各类申请主体的信用水平评估可获取的全面数据。

③基于相关数据,对入驻用户、供应商等进行认证,建立与信用水平挂钩的入驻政策,并建立黑名单制度,将信用水平低于门槛值的主体剔除。

④建立综合性信用评价模型,基于交易平台数据,对粮食供应商、粮食零售商和大 C 类客户等进行评级。

⑤基于平台数据、外部合作机构数据,针对各种应用场景,开发多种信用产品。

⑥一方面将信用产品用于支持平台内部金融、运营等业务,另一方面向外部主体销售信用产品。

4)运营服务

运营服务主要包括 4 个流程,通过以自营运营部门为主、第三方运营服务商为辅的原则,面向平台自营业务、平台用户等主体提供运营推广、数据服务等专业增值服务,具体如图 6-19 所示。

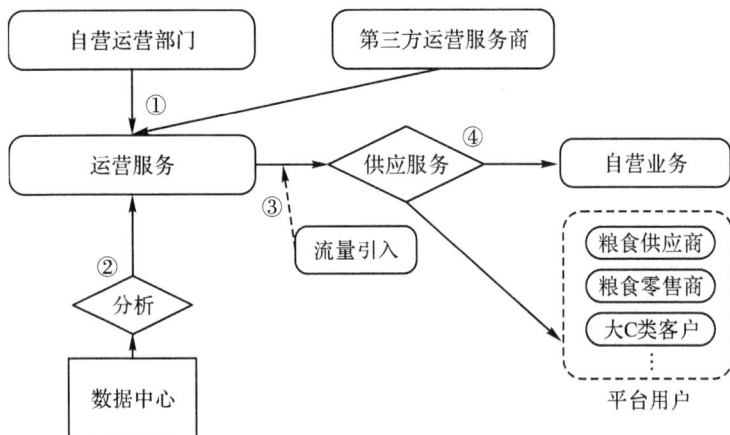

图 6-19 运营服务的主要流程

①自营运营部门根据平台用户的需求,组织人员、技术、软件等进行支持,提供基本的运营服务。

②数据中心根据采集的店铺数据,经过抽取、聚类和分类等多种分析手段,为运营的智慧化提供支撑。

③利用搜索引擎优化、电子邮件营销、社会化营销、网络广告等途径,尤其是充分利用实时竞价等技术,再借助百度等主要的网络广告联盟,实现动态广告投放,推进精准化流量的导入。

④为平台自营业务、平台用户等主体提供面向零售的运营服务,包括代运营、市场分析等。

5)仓储物流服务

仓储物流服务主要包括 6 个流程,平台通过开发智慧型的仓储物流系统,实现对分散型区域仓库、中转站、分拨路线和运输车辆的集中优化配置与调度,在不断提升客户满意度的同时,提高仓储与物流服务运转效率,具体如图 6-20 所示。

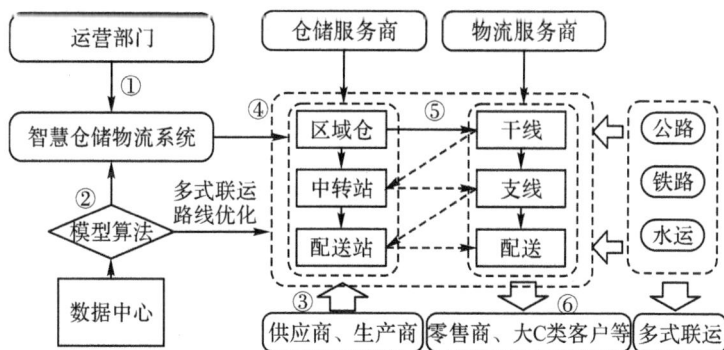

图 6-20　仓储服务服务的主要流程

①仓储物流服务运营部门负责开发智能化的仓储与物流管理系

统,功能涵盖电子商务交易管理,仓库、配送站货物的入库、存储、出库自动化识别管理,以及物流运输环节实时监控等。

②依据数据中心的历史交易数据、运营预测算法模型,针对仓库的地理位置、路线优化等进行服务支持。

③供应商、生产商等主体将粮食运送到就近仓库,仓储服务商根据平台的数据指令对入库商品进行不断的优化调整。

④基于仓储与物流管理系统,数据服务中心结合地域空间分布、仓储条件、交通便利性等条件,优选一批第三方仓储服务商作为合作伙伴。

⑤基于仓储与物流管理系统,数据服务中心结合运输网络、运力配置和服务水平等条件,优选一批第三方快递物流服务商作为合作伙伴。

⑥将产品配送至零售商、大 C 类客户等终端消费者。

6.5.5 实施策略

1)合作伙伴选择策略

"智慧粮食"数据服务平台的主要合作伙伴包括资讯服务商、金融服务商、信用服务商、运营服务商、仓储物流服务商,具体如表 6-10 所示。

表 6-10　合作伙伴选择一览表

合作伙伴类型	合作伙伴选择要求	合作模式
资讯服务商	创立 3 年以上,员工 100 人以上,拥有金融、信用、运营、仓储物流等数据应用场景的成熟且有效的算法模型	参股、协议合作利润分成
	数据提供商:通信、电力、银行等拥有独占、关键数据的企事业单位	按需购买数据
金融服务商	优选北京、上海等地企业,创立 2 年以上,具有针对互联网支付结算、供应链金融、小额信贷、众筹等业务的成熟经验	参股、协议合作佣金、利润分成

续　表

合作伙伴类型	合作伙伴选择要求	合作模式
信用服务商	覆盖面广、国内领先的第三方征信服务机构,国内主要的商业银行	按需购买信用报告
运营服务商	创立1年以上、员工20人以上、擅长运营推广、竞拍、竞买、招标申请等服务的专业领域	利润分成、固定服务费
仓储物流服务商	仓储服务商:优先考虑拥有智能化、冷库仓储设施设备且拥有多个分仓的服务商,仓储设施临近平台产品的主要目的地市场及潜在市场	协议合作技术服务费
	物流服务商:具有全国性配送网络的服务商优先,具有仓储设施的服务商优先,具有成熟物流配送能力的服务商优先,AAA级以上物流企业优先	协议合作技术服务费

2)运营实施策略

(1)数据服务平台是该项目 B2B、B2C 平台在线交易业务发展到一定程度后,开始正式规模化实施的平台。项目前期时,建议重点在数据上做好积累工作,组建与培养数据挖掘与分析团队,开发与掌握稳定可靠的算法模型。

(2)在团队与运营力量的组建上,数据服务、金融服务、信用服务、运营服务以本项目自有力量为主,外部第三方力量为辅。在仓储物流服务商方面,除若干核心仓储,以外部力量为依托实体,"智慧粮食"项目团队提供信息系统支持服务。

(3)提前进行金融服务的布局,通过已收购的金融企业,进行与相对成熟交易平台的深度合作,积累供应链金融、小额贷款、众筹、消费信贷等业务的相关经验,发展支付、结算等业务能力。

(4)在数据服务平台运营时,同步启动信用服务,初期以开展信用认定、信用评级业务为主，支持平台交易业务的顺利开展。等积累到一定用户基础后，逐步向基于复杂算法模型的信用产品发展。

（5）针对运营服务，在初期以满足自营平台自我运营为主，同时针对平台用户主体对运营服务的需求强度，适时发展面向第三方的运营服务，适当接入针对某个地区的电子商务公共服务中心项目，分担运营成本，实现运营服务团队的自给自足。

（6）针对仓储物流服务，初期以原有条件好、意愿强的分销商为主，并逐渐对其进行规范化改造；再逐步引入更具网点与规模经营优势的服务商。在"智慧粮食"项目起步期，采用以第三方物流服务商为主的模式，建立若干核心仓储中心，后期则以提供数据与系统服务为核心。

6.6 "粮食金融"模式设计与运营策略

6.6.1 概念设计

"粮食金融"的概念设计如图 6-21 所示。

"粮食金融"服务平台主要服务粮食生产商，粮食供应商、粮食经销商、粮食零售商和大 C 类客户等群体，平台通过有序推进第三方金融服务模式及自主金融服务模式，构建符合粮食行业特点的金融服务体系。平台依托自身沉淀的交易数据，携手第三方金融服务商，根据企业历史交易数据，为经营稳定、信用记录良好的优质企业，提供包括供应链金融、小额信贷为代表的融资服务及与支付结算类相关的结算类服务。平台研发风险管控系统及制订线下审核标准，基于这两种双保险加强风险管控，实现投资者、供应商、零售商等主体的多方共赢。

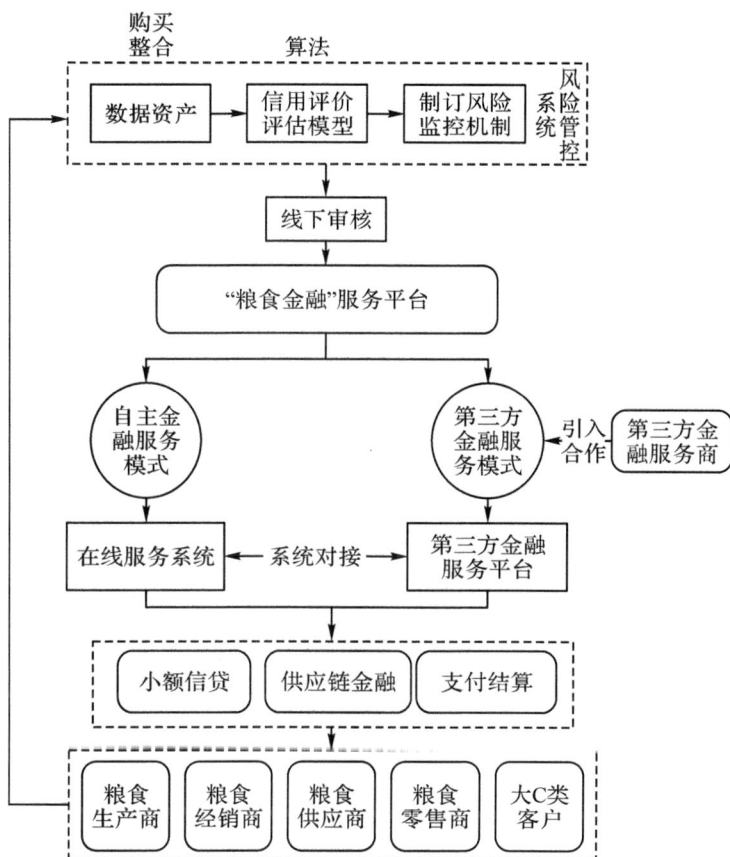

图 6-21 "粮食金融"的概念设计

1)第三方金融服务模式

基于交易平台沉淀的用户交易数据及用户资源,平台自主研发风险管控系统,通过大数据手段,构建资信评价模型,建立以信用为核心的粮贸金融服务体系,实现风险识别、风险评价及风险预警。与具有相关金融业务牌照、对行业涉足较深的金融服务机构或企业等第三方金融服务商进行战略合作，平台仅仅利用自己建立的资信用评价模型，为第三方金融服务商提供信用数据，推荐合适的融资需求方，具体的金融服务产品由第三方金融服务商提供。同时，平台通过参与战略合作，为具有第三方支付牌照的企业开展支付等业务。

2）自主金融服务模式

凭借交易平台沉淀的交易数据、用户资源和流动资金，平台以"农业普惠金融"与"互联网金融"理念，开展自主金融服务，开发和创新金融服务产品，解决了粮贸企业融资难的问题。自主金融服务专注于做供应链金融与小额信贷的短期金融服务，基于平台交易数据及信用测算模型推行小额、短期无抵押贷款，做强小额信贷业务；运用产业链金融"1＋N"运营模式（"1"为行业供应链的核心企业，"N"为上下游小微粮食供应商和采购商），做深供应链金融业务。

6.6.2 运营模式

"粮食金融"服务平台专注于开展金融服务，以第三方金融服务模式为主、自主金融服务模式为辅的运营思路，以多元化的金融服务产品，为粮贸企业资本融通、风险把控，以及提高行业效益提供有力保障。

"粮食金融"服务平台组建初期，需要强有力的技术团队，建立信用评级体系，整合多方数据如多家征信机构数据、平台沉淀的交易数据、企业经营数据及个人资产数据，加大投入自主研发风险管控系统的力度，开发资信评价模型、完善风控管理体系、技术安全体系，加强对密钥与加密技术的管理，防止网站系统遭到各种攻击，造成用户的信息泄露。前期由于平台经营金融经验不足，为了平台的稳定发展，主要开展第三方金融服务模式，积极与具有相关金融业务牌照、对行业涉足较深的金融服务机构或企业进行战略合作，为其提供信用数据与推荐用户。从第三方金融服务商的安全角度出发,前期主要依托于上市公司开展业务,大型粮贸企业作为核心企业,辐射上下游小微优质粮贸企业的"1+N"运营模式,主要以仓单融资与订单融资两种方式,从源头确保第三方金融服务商的权益。对于这种模式,平台应选择与仓管水平和信息化水平较高且具有一定资质水平的大型物流公司合作,应与物流企业建立风险共担机制,要求物流企业定期提交监管报告,并不定期地进行质押监管情况的现场核实,明确违反监管合作的法律责任,从而加强仓单融资的风险管控。随着与第三方金融服务商合作的不断深入,资信评价模型的不断完善,平台可以开展小额信贷金融服务。

待平台发展稳定及客户量相对稳定后,基于自身流动资金及金融经验相对充足,可以尝试建立自己的贷款公司,从而以客户在交易中心的交易数据和基于平台的资信评价模型的评价指标为依据,在保证风险管控的前提下,开发和创新金融服务产品,用于满足客户小额和短期金融需求。上述贷款公司同样以小额信贷和供应链金融服务产品为主,并开展一些 P2P 和众筹服务模式。

6.6.3 盈利点设计

"粮食金融"服务平台的收益,主要包括信贷利差、信贷业务手续费、沉淀资金金融收入和供应链融资服务费等,具体如表 6-11 所示。

表 6-11 "粮食金融"服务平台盈利点设计一览表

盈利点		盈利点说明	收益实现条件
信贷利差	自营信贷利差	自主经营的金融信贷产品,自己放贷,获取资金和发放贷款收获利息之间的利率的差值	用户申请信贷,通过即可获得收益
	第三方信贷利差分摊	第三方放贷,按照与第三方建立战略合作利益分摊协议,获取第三方金融机构获取资金和发放贷款收获利息之间的利率的差值的分摊利差	
信贷业务手续费		交易商申请信贷业务时收取手续费	用户申请信贷,通过即可获得收益
供应链融资服务费		为交易商提供供应链融资服务时收取服务费	用户申请供应链融资,通过即可获得收益
沉淀资金金融收入		由于展开一定的支付结算业务,一部分资金沉淀去做投资时获取的金融收入	交易运营开始即可收益

6.6.4 主要流程

"粮食金融"服务平台主要通过自营信贷公司与第三方金融服务商对金融产品的开发,为粮食零售商、供应商、经销商、采购商等主体提供两类金融服务,包括以供应链金融、小额信贷为代表的融资服务及支付相关的结算类服务。

1)融资服务

第三方金融服务商与自营信贷公司基于该平台的特点,结合各类数据的可获取性,设计平台的融资服务,并进行产品的发布,确定产品的申请条件;平台的融资服务主要是以供应链金融、小额信贷为代表的融资服务,其中供应链金融服务分为仓单融资和订单融资。它们具体的流程如图 6-22 所示。

（1）仓单融资。

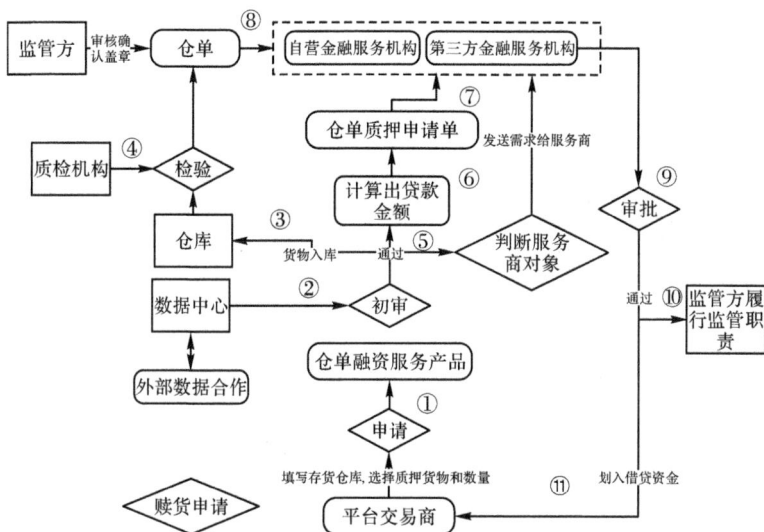

图 6-22　仓单融资流程

①交易中心交易商提交仓单融资申请,在"粮食金融"服务平台选择存货仓库,选择质押的货物品种并填写质押的数量。

②平台收到申请后通过整合内、外部数据,对申请主体进行全面的评估、初审。

③初审通过后,平台通知交易商在限定时间内安排货物入库,根据申请的产品类型的不同,并向不同的金融服务机构(自营和第三方的)推送融资需求。

④交易商安排质押货物入库后,将仓库出具的存货凭证交付给平台。

⑤质检机构根据存货凭证,对质押货物的品种、数量、质量进行检验,检验合格后生成仓单。

⑥平台根据货物质押价格计算出贷款金额（贷款金额＝质押原值×质押率，质押原值等于同品种、同档次产品的交易日结算价），将申请需求根据申请主体选择的服务产品，发给金融服务机构，质押率要根据不同产品及不同金融服务机构的要求确定。

⑦申请的交易商确认质押内容后，平台系统生成仓单质押申请单，在仓单质押申请单上进行电子签章确认并提交质押申请，平台系统将冻结申请质押的货物库存，初步达成意向。

⑧监管方核定质押物清单，打印签发仓单/质押物清单，加盖公章和纸质单据一并传真给金融服务机构，并在系统上进行电子签章确认仓单/质押物清单。

⑨金融服务机构收到上述材料后，将电子材料与纸质材料进行对照，如果内容一致，则可以确认仓单真实、合法和有效，否则无效。

⑩金融服务机构发起融资审批，审批后与交易商直接签署借款相关协议、文件。交易商申请货物过户，将货权转移至平台自营金融服务机构/第三方金融服务机构。

⑪金融服务机构向交易商的账户划入借贷资金。

在仓单融资最后还涉及仓单赎货，其具体流程如图 6-23 所示。

①交易商在交易中心的系统上提交赎货申请，选择仓单编号、品种、数量等信息，系统生成赎货单；交易商再通过交易中心的系统在赎货单上进行电子签章确认，系统计算应付赎货本金及利息并冻结交易商存款账户赎货款。

②金融服务机构收到赎货申请并进行审核，审核无异议后确认并通知平台。平台将相应赎货本金与利息自动划入金融服务机构账户，金融服务机构同时通知监管方结束相应监管授权，货物可进入解除质押状态。

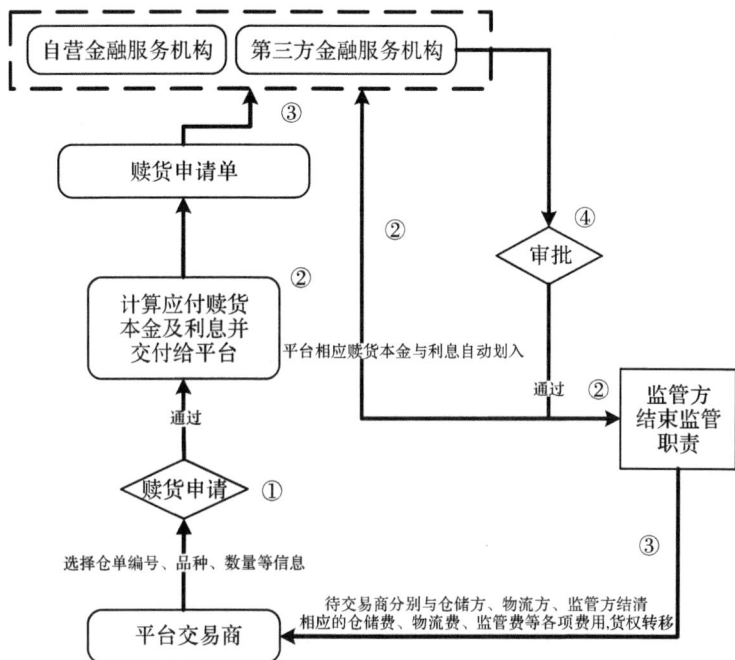

图 6-23 仓单赎货流程

③监管方收到金融服务机构的通知后,对提交的赎货信息进行电子签章确认,待交易商分别与仓储方、物流方、监管方结清相应的仓储费、物流费、监管费等各项费用后,正式解除相应货物的质押状态,将货权转移给交易商,货物进入库存。

④交易商可申请出库,赎货结束。

(2)订单融资。

订单融资流程如图 6-24 所示。

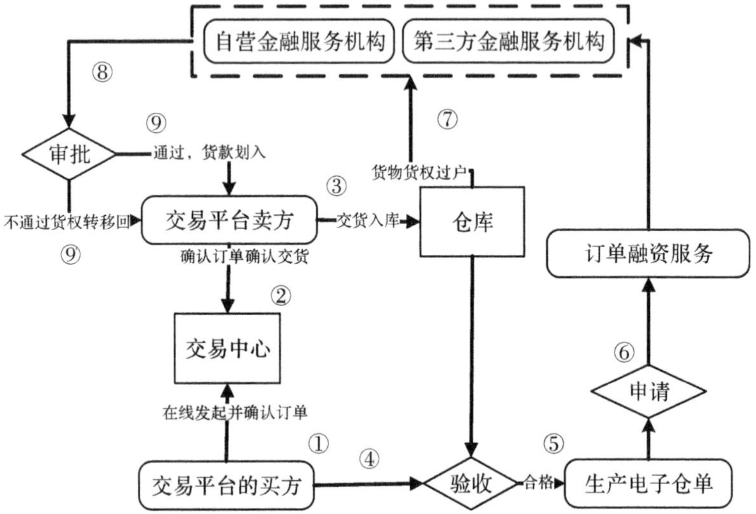

图 6-24 订单融资流程

①平台买方在交易中心的交易平台上在线发起并确认订单,系统冻结一定比例的保证金。

②卖方确认订单,并确认交货。

③卖方须先行向监管方交货,并让货物入库。

④监管方通知买方验货。(注:卖方不可以直接向买方交货,否则由此造成的损失全部由卖方承担。)

⑤买方验收货物合格后,在交易中心的系统中提交"收货"指令,生成电子仓单。(注:在买方确认收货前,买卖双方任何一方均有权利取消订单,违约责任由双方自行协商。)

⑥买方根据电子仓单申请订单融资。

⑦货物货权过户给平台自营金融服务机构/第三方金融服务机构。

⑧金融服务机构根据提交的申请进行审批。

⑨如金融服务机构驳回此次融资申请,则货物由监管方进行过户,货权转移回卖方;同意此次融资申请,货款在买方确认收货后划归给卖方。(注:货物仓储费在买方确认收货前由卖方承担,买方确认收货当日开始由买方承担。)

(3)小额信贷。

小额信贷流程如图 6-25 所示。

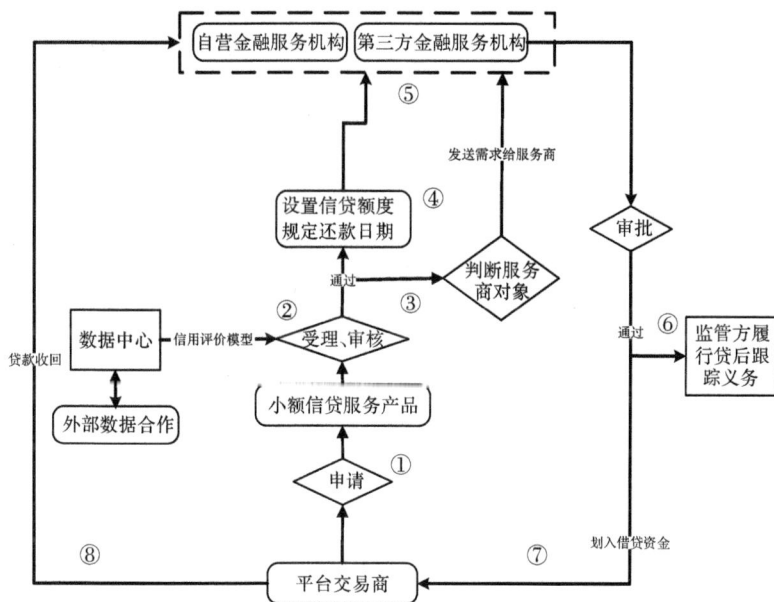

图 6-25 小额信贷流程

①平台交易商根据要求提出贷款申请。

②平台收到申请后通过整合内外部数据,对申请主体进行全面的评估与审核。

③审核通过后,将需求推送给金融机构。

④设置合理的信贷额度及规定还款日期。

⑤交易商确认后,将其信用资料交于金融服务机构审核。

⑥金融服务机构审核通过后通知监管方,应加强贷后跟踪检查力度,发现可能影响贷款风险的问题时要及时采取措施,督促客户履行合同约定及按期还款。

⑦金融服务机构将借贷资金划入申请的交易商的贷款专用账户,小额信贷融资完成。

⑧还款期限到期后,金融服务机构计算应付本金及利息,交易商将钱交于平台,平台将其划入金融服务机构账户。

2）支付结算

支付结算流程如图 6-26 所示。

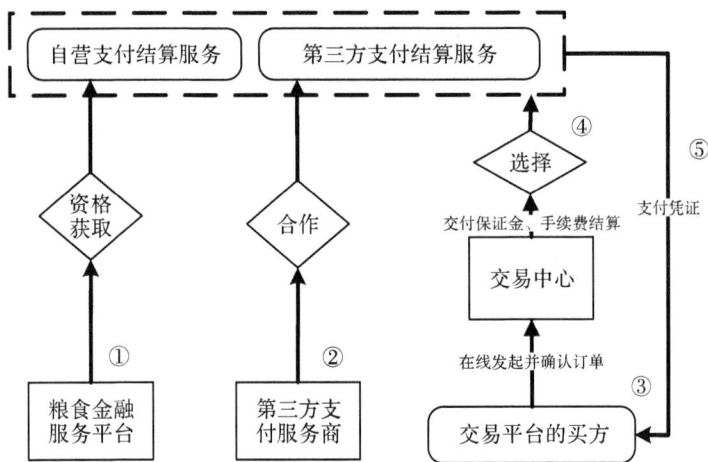

图 6-26　支付结算流程

①通过与具有第三方支付牌照的企业进行战略合作,开展第三方

支付等业务。

②平台获取资格自主开展支付业务。

③平台买方在交易中心的交易平台上在线发起并确认订单,系统冻结一定比例的保证金。卖方确认订单,并确认交货。

④平台买方选择支付方式交付保证金及平台服务手续费。

⑤交易完成,给予买方支付凭证。

6.6.5 实施策略

1)合作伙伴选择策略

"粮食金融"服务平台的主要合作伙伴包括第三方金融服务机构和第三方监管机构,第三方金融服务机构包括传统金融机构和互联网金融机构,具体如表 6-12 所示。

表 6-12　合作伙伴选择一览表

合作伙伴类型		合作伙伴选择要求	合作模式
金融服务提供	传统金融机构	优选乐于拓展金融服务模式,敢于创新,发展稳定的传统金融银行	参股、协议合作佣金、利润分成
	互联网金融机构	优选北京、上海、杭州等地的,创立 2 年以上,具有互联网支付结算、供应链金融、小额信贷等业务成熟经验的互联网金融机构	参股、协议合作佣金、利润分成
金融服务支持	第三方物流公司	优选北京、上海、杭州等地的,拥有仓库及粮食监管业务经验第三方物流公司	参股、协议合作佣金、利润分成
	数据公司	数据提供商:通信、银行等拥有独占、关键数据的企事业单位	按需购买数据
	信用服务公司	覆盖面广、国内领先的第三方征信服务机构,国内主要的商业银行	按需购买信用报告

2)运营实施策略

①金融数据服务平台建立前期,建议重点在数据上做好积累工作,组建与培养数据挖掘与分析团队,开发与掌握稳定可靠的信用评估算法模型。

②该平台要研发风险管控系统,完善以信用为核心的金融服务体系,实现风险识别、风险评价和风险预警。制订审核机制,从源头管控风险。

③该平台在团队与产品开发运营力量的组建上,金融服务以外部第三方力量为主,自有力量为辅。在仓储物流服务商方面,除若干核心仓储外,以外部力量为依托实体,项目团队提供信息系统支持。

④该平台要不断进行金融服务的布局,前期不断强化与相对成熟的金融服务交易平台的合作,后期可以尝试组建自己的借贷公司,自营金融服务,积累供应链金融、小额贷款、消费信贷等业务的相关经验,发展支付、结算等业务能力。

⑤该平台的金融业务主要以供应链金融及小额信贷融资金融服务为主,供应链金融模式主要以核心粮食企业为依托,通过仓单质押、订单质押等手段封闭资金流或者控制物权,对供应链上下游企业提供综合性金融产品和服务。

6.7 本章小结

本章主要阐述"智慧粮食"的各种模式设计与运营策略,包括"政策粮"模式设计与运营策略、"社会粮"模式设计与运营策略、"交易所"模式设计与运营策略、"国际采购"模式设计与运营策略、"数据服务平台"模式设计与运营策略、"粮食金融"模式设计与运营策略。本章不仅对每一模式的设计理念和运营方式进行了充分说明,而且对每一种模式的运营流程和实施策略做了详细的介绍,进一步保障了"智慧粮食"电商营销生态圈的有效构建。

第 7 章 面向"智慧粮食"的广告营销体系

7.1 广告的基础理论知识

广告是商品推销的重要手段,它宣传商品,加速商品的流通,对于繁荣市场经济来说是必不可少的;而且广告也是向大众传播信息的一种载体,作为一种促销策略,它是企业走向成功的一条捷径。它既与人们的经济活动不可分割,又与人们的精神生活紧密相连。它不仅有助于推销商品,为企业创造可观的经济效益,而且能通过形象化的艺术形式,推广具有时代特征的思想观念和先进的生活方式,推动着人类社会文明的发展。

7.1.1 广告的定义

广告是为了某种特定的需要,通过一定形式的媒体,公开而广泛地向公众传递信息的宣传载体。本章所论述的广告属于狭义的广告范畴,即商业广告。商业广告,是指以盈利为目的的广告,通常是商品生产者、经营者和消费者之间沟通信息的重要手段,或企业占领市场、推销产品、提供劳务的重要形式。

对于广告的界定,举例如下:

(1)广告是广告主通过有偿取得的、可以控制的宣传媒介和形式,对产品、服务和观念进行社会化、群体化的传播,从而有效影响公众,促成整体营销计划的实行。

(2)广告是为了达到增加销售额这一最终目的而向私人消费者、厂商或政府提供有关特定商品、劳务或机会等消息的一种方法。它传播关于商品和劳务的消息,向人们说明它们是些什么东西、有何用途及优越性、在何处购买及价格等。

(3)广告的传播过程是由明确的广告主在付费的基础上,采用非人际传播的形式,对观念、商品及价格进行介绍、宣传的活动。

综上所述,广告活动被研究者视为信息传播和营销活动。

7.1.2 广告的种类

按照广告内容的创意类型,可将广告分为如下 12 类。

1)商品情报型

这是最常用的广告创意类型。它以展示广告商品的客观情况为核心,表现商品的现实性和真实性本质,以达到突出商品优势的目的。

2)比较型

这种类型的广告创意是以直接的方式,将广告主的品牌产品与同类产品进行优劣的比较,从而引起消费者注意,让消费者认牌选购。在进行比较时,所比较的内容最好是消费者所关心的,而且要是在相同的基础或条件下的比较。这样才能更容易地刺激消费者的注意和认同。

比较型广告创意的具体应用就是比较广告。在进行比较型广告创意时,可以针对某一品牌进行比较,也可以对普遍存在的各种同类产品进行比较。广告创意要遵从有关法律法规及行业规章,要有一定的社会责任感和社会道德意识,避免给人以不正当竞争之嫌。在我国,对比较广告有严格的要求,因此在进行比较型广告创意时一定要慎之又慎,避免造成不必要的麻烦或纠纷。

3)戏剧型

这种广告创意类型既可以是通过戏剧表演形式来推出品牌产品,也可以在广告展示上采用戏剧化和情节化方式。在采用戏剧型广告创意时,一定要注意把握戏剧化程度,否则会使人只记住广告创意中的戏剧情节而忽略广告主题。

4)故事型

这种类型的广告创意是借助生活、传说和神话等故事内容的展开,在其中贯穿有关品牌产品的特征或信息,借以加深受众的印象。由于故事本身就具有情节性的特性,易于让受众了解,使受众与广告内容发生连带关系。在采用这种类型的广告创意时对于人物选定、事件起始、情节状况都要做全面的统筹,以使在短暂的时间里和特定的故事中,凸显有效的广告主题。在我国这几年的电视广告中,不少是故事型的广告创意,如"南方黑芝麻糊""孔府家酒""沱牌酒"的广告等。

5)证言型

这种广告创意一般援引相关权威人士的证言来证明广告商品的特点、功能及其他事实,以此来产生权威效应。苏联心理学家肖·阿·纳奇拉什维里在其《宣传心理学》一书中说过:"人们一般信以为真地、毫无批判地接受来自权威的信息。"这揭示了这样一个事实:在其他条件相同的状况下,权威效应更具影响力。许多国家对于证言型广告都有严格限制,以防止虚假证言对消费者的误导。其一,权威人士的证言必须真实,必须建立在严格的科学研究的基础之上;其二,社会大众的证言,必须基于自己的客观实践和经验,不能想当然地枉加评价。

6)拟人型

这种广告创意以一种形象展现广告商品,使其带有某些人格化特征,即以人物的某些特征来形象地说明商品。这种类型的广告创意,可以使商品生动、具体,给受众以鲜明的印象,同时可以用浅显常见的事物对深奥的道理加以说明,帮助受众深入理解。

7)类推型

这种类型的广告创意是以一种事物来类推另一种事物,以显示出广告产品的特点。采用这种创意,必须使所诉求的信息具有相应的类推性。如一个汽车辅助产品的广告,用类推的方法宣传,其广告语为:"正如维生素营养你的身体,我们的产品可营养你的汽车引擎。"

8)比喻型

比喻型广告创意是指采用比喻的手法,对广告产品或劳务的特征进行描绘或渲染,或用浅显常见的道理对深奥的事理加以说明,从而使事物生动具体,给人以鲜明的印象。比喻型的广告创意又分明喻、暗喻和借喻三种形式。例如,皇家牌威士忌广告采用借喻,在广告中宣传:"纯净、柔顺,好似天鹅绒一般。"塞尼伯里特化妆公司粉饼广告采用暗喻,宣传自己的粉饼为:"轻轻打开盒盖,里面飞出的是美貌。"国外一家家电公司采用借喻的方式说明自己公司产的微波炉的简易操作性,其广告语为:"我家的猫用××微波炉烤了条鱼吃。"

9)夸张型

夸张是为了表达上的需要,故意言过其实,对客观的人、事物尽力做扩大或缩小的描述。夸张型广告创意是基于客观真实这一基础,对商品或劳务的特征加以合情合理的渲染,以达到突出商品或劳务本质与特征的目的。采用夸张型的手法,不仅可以吸引受众的注意,还可以取得较好的艺术效果。

10)幽默型

幽默是借助多种修辞手法,运用机智、风趣、精练的语言所进行的一种艺术表达方式。采用幽默型广告创意,要注意以下内容:应该是健康、愉悦、机智和含蓄的语言,切忌使用粗俗、令人生厌、油滑和尖酸的语言。要以高雅风趣格调表现广告主题,而不是一般的俏皮话和耍贫嘴。

11)悬念式

悬念式广告是以悬疑的手法或猜谜的方式调动和刺激受众的心理活动,使其产生疑惑、紧张、渴望、揣测、担忧、期待和欢乐等一系列心理状态,并持续和延伸,以达到解释疑团而寻根究底的效果。

12)意象型

意象即意中之象,它是一些主观的、理智的、带有一定意向的精神状态的凝结物和客观的、真实的、可见的、可感知的感性征象的融合,它是一种渗透了主观情绪、意向和心意的感性形象。意象型广告是把人的心境与客观事物有机融合的产物。采用意象型广告创意时,花很多的笔墨去反映精神表现,即"象",其实对受众来说,他们可以理解其内涵,即"意"。在"意"与"象"的关系上,二者具有内在的逻辑关系,但是在广告中并不详叙,让受众自己去品味"象"而明晓内在的"意"。可见,意象型广告创意实际采用的是超现实的手法去表现主题。

7.2　市场营销的基础概念

市场营销学是 20 世纪初发源于美国的一门专门研究企业市场营

销活动规律的新兴学科。市场营销学由英文"Marketing"英译过来，"Marketing"一词原意是指企业的市场买卖活动，即企业的市场营销活动。在中国大陆常译为市场营销学，也有叫行销学（中国港台地区）、营销学、市场学、市场经营学、市场运营学。营销从字面可以这样理解，营：营运，管理之意，包括计划、组织、协调、控制及决策；销：销售，指如何将企业生产的产品销售给顾客。根据美国营销学者菲利普·科特勒的定义，市场营销是指个人和集体通过创造并同别人交换产品及价值以获得其所需所欲之物的一种社会过程。

7.2.1 市场营销的定义

市场营销的定义包含了一些市场营销学的核心概念：需要、欲望、需求、产品、价值、交换、交易、市场和营销者。

需要是指没有得到某些基本满足物的感受状态。根据美国马斯洛的需求理论，人的需要包括生理的需要，即人们为了生存而产生了对衣食住行等的基本需要；安全的需要，即人们对安全、安定的需要，如要求在生理、生活、工作、财产和政治生活等方面得到安全的保证；社交的需要，即人们在生活中想得到与别人进行社会交往，得到友谊、爱情、家庭生活的温暖，得到社会认可的需要；自尊的需要，即希望在才能、品德及成就方面得到他人的好评，获取别人尊重的需要；自我实现的需要，即人们对于获得某种成就、实现某种理想而愿意为之付出的需要。需要是人们生来就有的，它存在于自身的生理和心理结构之中，营销人员不能创造需要。

欲望是指想要得到基本需要的具体满足物的愿望。一种基本的需要可以用不同的具体满足物来满足。一个人需要食品，想要得到一个面包或一份快餐；需要衣服，想要得到一套李宁运动服或一件雅戈尔上衣;需要住所,想要买一套别墅或一间普通房子;需要从北京到广东,想坐飞机或坐火车去。人们的需要并不是很多,而他们的欲望却是多种多样的。因此,营销人员可以不断地通过广告、营销、公关等手段激发顾客的欲望。

需求是指对具有支付能力购买并且愿意购买某个具体产品的欲望。营销人员仅仅激发顾客的欲望是不够的,顾客有了欲望,那只能证明他们想要某个企业的产品,我们还要考虑他们是否有能力购买企业的产品。只有当顾客有能力购买企业的产品时,欲望才可转化为需求。因此,营销人员要想通过各种营销活动创造顾客对企业产品的需求,要满足两个条件:顾客有支付能力购买,有购买产品的欲望。

产品是指任何能满足人类某种需要或欲望的东西。产品包括实质产品、形式产品和延伸产品。在营销学上,商品、服务、劳务都指产品。实质产品是指产品向购买者提供的基本效用或利益。人们购买产品不是为了获得产品本身,而是因为这种产品能满足某种需要,如洗衣机带来省力,汽车带来方便,电视机带来娱乐。这些都是产品的效用或利益。因此,实质产品是产品的核心,也叫核心产品。形式产品是指实质产品借以实现的形状、方式。实质产品中的效用或利益需通过一定的形体才能得以实现。形式产品主要表现在 5 个方面:品质、特色、式样、品牌及包装。如电视机的画面及音质的好坏、款式的新颖度、品牌的知名度。延伸产品是指顾客购买产品时所得到的附带服务或利益。如售前、售中、售后服务。随着人们生活水平的提高,市场上的产品越来越丰富,产品同质化现象也越来越严重,现在的消费者已不仅仅满足于产品品质优良、款式新颖了,他们开始注重在使用产品时能带来一种心理上的满足感。因此,附加服务越来越受到消费者的重视。如 IBM、海尔等企业在服务这方面都做得很好。

价值,在市场营销学上,是指顾客对产品满足各种需要的能力评估,而不是指产品本身价值的大小。顾客最喜欢的产品,价值最大,反之价值最小。举例来说,某人上下班需要交通服务,满足这种需要的方式很多,比如步行、骑自行车、摩托车、开汽车,坐出租车和公交车,这些产品构成了可供选择的产品组。同时,这位消费者对交通服务提出下列要求:速度快、安全、便利和费用低等。显然,最为满意的产品应是一种能迅速地、绝对安全地、不费力地、花钱很少地使他到达工作地点的产品。每个现有的产品越接近理想产品,就说明这个产品的价值越大。

交换是指提供某种东西作为回报,获得需要的产品的方式。在市场营销学中,交换是一个过程而不是一个事件。交易是交换活动的基本单元,是由双方之间的价值交换所构成的。交换协议的达成,就意味着发生了交易行为。

市场有狭义和广义之分,狭义市场是指商品交换的领域或场所;广义市场是指那些具有特定需要或欲望,而且愿意并能够通过交换来满足这种需要或欲望的全部顾客。市场营销学中的市场是指广义的市场,这个市场的大小取决于人口、购买力和购买欲望 3 个要素,这 3 个要素互相制约,缺一不可。它可以用一个简单的公式表示:市场＝人口＋购买力＋购买欲望。

对市场还可以理解为消费者。我们常听到的做市场,其实也是寻找消费者的一个过程。至于购买欲望,营销人员是可以通过广告活动、营销活动和公关活动对消费者进行不断的刺激,从而激发他们的购买欲望。如今的市场已经成为全球化市场,对市场的构成,我们可以用图 7-1 来理解。

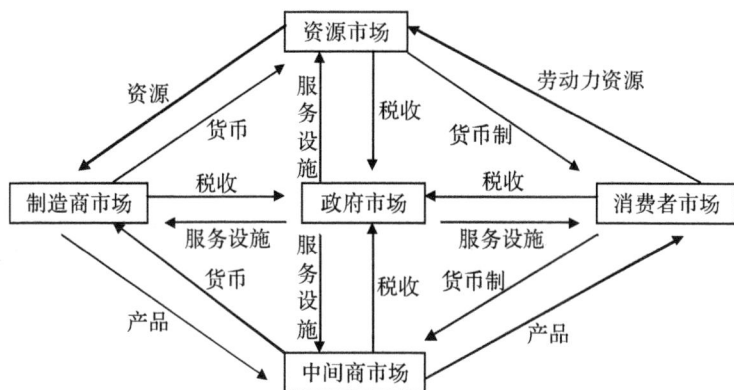

图 7-1　市场体系的构成

　　我们可以通过市场体系来理解全球化市场：市场体系由资源市场、制造商市场、中间商市场、消费者市场和政府市场构成。资源市场提供原材料、货币、人力等资源给制造商市场生产产品，从而获取货币。制造商市场将生产出的产品通过中间商市场销售给消费者市场而获取货币。中间商市场通过产品的销售差价获得货币，虽然现在像雅芳等直销业已开始冲击中间商市场，但是到目前为止，中间商市场还是作为产品销售渠道中最大的一块市场。消费者市场要想得到产品，需出卖自己的劳动力给资源市场换取货币，这种劳动力包括脑力劳动和体力劳动。这其中整个市场的有序进行都离不开政府市场进行的管理和提供的设施，政府市场也从中获得税收。这样，就构成了整个市场体系。

　　营销者是指希望从他人那里得到资源并愿以某种有价之物作为交换的所有人。营销者可以是一个卖主，也可以是一个买主。如果买卖双方都在积极寻求交换，则双方都称为营销者。整个市场营销活动过程如图 7-2 所示。

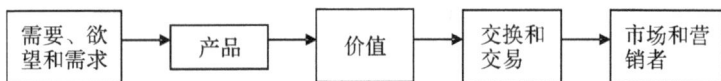

图 7-2　市场营销活动过程

7.2.2 市场营销的内容

市场营销学是一门建立在经济学、行为科学和现代管理理论基础之上的应用科学。其内容具有综合性、实践性和应用性特点。在市场营销学发展的过程中，其研究内容也在不断地丰富起来。最先由美国学者麦卡锡提出的"4Ps"（产品、价格、渠道、促销）到后来美国营销学者菲利普·科特勒补充的"6Ps"（在 4Ps 的基础上加入公共关系、政治权力）。本书还是以"4Ps"来概括市场营销，具体如图 7-3 所示。

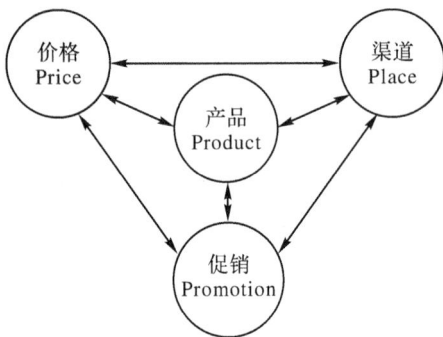

图 7-3　市场营销的主要组成

1）产品（Product）

在市场营销学中，产品是指任何能满足人类某种需要或欲望的有形物品和无形服务。有形物品是指产品实体及其品质、特色、式样、规格、品牌和包装等,无形服务是指可给购买者带来的附加利益和心理满足的售后服务等。因此,产品包括了实质产品、形式产品和延伸产品。产品策略包括产品包装策略与品牌的建立和维护策略。

2)价格(Price)

价格是影响消费者行为和市场需求的关键因素之一,产品价格的制订是一项重要、困难而又有风险的工作,它既要考虑到企业自身的因素,如成本、利润等;又要考虑到消费者对价格的理解和接受能力;还要考虑到以折扣和折让等各种营销方法给中间商或经销商以一定的利益,以增强其销售积极性。因此,企业定价要根据企业的战略目标出发选择适当的定价目标,综合成本、供求关系、竞争和政府控制等因素,运用科学的方法来制订,然后根据各种实际情况调整价格。

3)渠道(Place)

在市场经济条件下,生产商很少能将自己的产品直接与消费者进行交易,大多数情况下要经过中间商,产品才能到达最终消费者手中。这种活动的路线,就叫分销渠道。分销渠道策略就是从生产商角度来确定产品实际送抵最终消费者手中的途径,它包括分销渠道的模式、中间商的选择与管理、物流等。

现在分销渠道的类型已不仅仅满足于通过中间商来销售产品的传统分销模式,也有一些企业不通过中间商来销售他们自己的产品,如雅芳、戴尔、天狮等企业所采用的方式,我们称为直销。直销是指直接于消费者家中或他人家中,即工作地点在零售商店以外的地方进行商品的销售,通常是由直销人员于现场对产品或服务做详细说明或示范。直销以服务为目的。直销业的社会使命,就如同一般生意人一样,除了尽量生产开发出最理想的产品,以满足消费者的喜好之外,更希望能引起消费者"再次消费"的动机。在此前提下，售货前、售货中及售货之后的服务，就成为直销商所力行的销售重点。美国直销协会（Direct Selling Association，DSA）将无店铺直销定义为：在固定的零售场所外以面对面的方式出售消费品或提供服务的行为。无店铺直销是以市场营销学为基础，以人际传播为基本形式的商品营销方式。这种营销方式在我国一般被称为直销。

随着网络技术的普及，网络营销也随之新兴起来。网络营销是指企业通过联机网络，利用电脑通信和数字交互式媒体来进行的各种营销活动。美国《财富》杂志统计的全球前 500 家企业几乎全在网上开展了营销业务。

4）促销（Promotion）

促销是指企业以各种手段向顾客传递商品或劳务的信息，以便影响和促进顾客的购买行为。促销包括广告、公共关系、人员推销、销售促进（也叫促销活动）4 种方式，我们也把对这 4 种促销方式的具体运用称为促销组合。其中，广告是促销策略当中最重要的因素。广告活动的目的在于为营销活动服务，这句话的意思就是通过投放广告，可以提高品牌知名度、理解度和美誉度或企业形象，从而刺激并最终说服消费者购买产品，提高市场占有率，促进产品的销售。而促销又要围绕营销目标而展开。所以，广告活动的目的最终还是服务于营销活动。广告策略就是本书的重点，公共关系、销售促进在下文将做专门的介绍。这里，我们只对人员推销做个简明扼要的介绍。

人员推销是企业运用推销人员直接向顾客推销商品或劳务的一种促销活动。在人员推销活动中，推销人员、推销对象和推销品是 3 个基本要素，其中前两者是推销活动的主体，后者是推销活动的客体。

（1）人员推销的特点。

人员推销与非人员推销相比，既有优点又有缺点。其优点表现在以下4个方面：①信息传递双向性。②推销目的双重性。③推销过程灵活性。④友谊、协作长期性。

（2）人员推销的基本形式。

一般来说，人员推销有以下3种基本形式：

①上门推销。上门推销是最常见的人员推销形式。它是由推销人员携带产品的样品、说明书和订单等走访顾客，推销产品。这种推销形式，可以针对顾客的需要提供有效的服务，方便顾客，故为顾客所广泛认可和接受。此种形式是一种积极主动的、名副其实的推销形式。

②柜台推销，又称门市推销，是指企业在适当地点设置固定的门市，由营业员接待进入门市的顾客，推销产品。门市的营业员是广义的推销人员。柜台推销与上门推销正好相反，它是等客上门式的推销方式。

③会议推销。它指的是利用各种会议向与会人员宣传和介绍产品，开展推销活动。

（3）人员推销的推销对象。

推销对象是人员推销活动中接受推销的主体，是推销人员说服的对象。推销对象有消费者、生产用户和中间商三类。

（4）人员推销的基本策略。

①试探性策略，也称"刺激－反应"策略。这种策略是在不了解顾客的情况下，推销人员运用刺激性手段引发顾客产生购买行为的策略。推销人员事先设计好能引起顾客兴趣、刺激顾客购买欲望的推销语言，通过渗透性交谈进行刺激，在交谈中观察顾客的反应；然后根据其反应采取相应的对策，并选用得体的语言，再对顾客进行刺激，进一

步观察顾客的反应,以了解顾客的真实需要,诱发顾客的购买动机,引导顾客产生购买行为。

②针对性策略。其是指推销人员在基本了解顾客某些情况的前提下,有针对性地对顾客进行宣传、介绍,以引起顾客的兴趣和好感,从而达到成交的目的。因推销人员常常在事前已根据顾客的有关情况设计好推销语言,这与医生对患者诊断后开处方类似,故又称针对性策略为"配方－成交"策略。

③诱导性策略。其是指推销人员运用能激起顾客某种需求的说服方法,引导顾客产生购买行为。这种策略是一种创造性推销策略,它对推销人员要求较高,要求推销人员能因势利导,诱发、唤起顾客的需求、并能不失时机地介绍、宣传和推荐所推销的产品,以满足顾客对产品的需求。因此,从这个意义上说,诱导性策略也可称为"诱发－满足"策略。

7.3 市场营销策略和广告的关系

7.3.1 市场营销的广告原则问题

1)真实性原则

真实性是策划的生命,一个广告策划只有真实地表现产品,表现企业,才可能长久地赢得市场,获得消费者的信赖。真实是广告的第一生命,也是广告策划的首要原则。

2)艺术性原则

广告坚持艺术性原则,即在不违背真实的前提下,允许合理的艺术夸张,但切记夸张不等于夸大。新、奇、特、巧等的内容和形式会给公众以耳目一新的感受和强大的艺术感染力,从而给公众留下深刻的印象。

3）新颖性原则

如果广告策划时不具备创新意识，广告策划没有新意，那么就不可能为企业产品或服务带来市场份额的增加或效益，这样的广告策划就是失败的。因而广告策划要坚持新颖性原则，力求以新取胜，给人不落俗套、耳目一新的全新感受。

4）冲击性原则

在令人眼花缭乱的广告中，要想迅速吸引人们的视线，在进行广告创意时就必须把提升视觉冲击力放在首位。照片是广告中常用的视觉内容。据统计，在美国、欧洲、日本等经济发达国家，平面视觉广告中95％采用摄影手段。

5）渗透性原则

人最美好的感觉就是感动。感人心者，莫过于情。读者情感的变化必定会引起态度的变化，就好比方向盘一拐，汽车就得跟着拐。

出色的广告创意往往把"以情动人"作为追求的目标。如一个半版公益广告："你是否考虑过他们？"整个画面以两个农村孩子渴望读书的眼神和教室一角破烂不堪的课桌椅为背景，已审核报销的上万元招待费发票紧压其上，引发读者强烈的心理共鸣。农民挣一分钱是那么不容易，而有的人用公款招待却大手大脚。如果我们每人省下一元钱，就可以让更多的贫困孩子实现读书梦。由于这个公益广告情感表达落点准确，诉求恰当，因而获得了2004年度某省新闻奖一等奖。

7.3.2 广告对市场营销的作用

营销策略的制订在于解决问题提高产品销售额，最终提高产品品牌知名度。广告经营的目的是产品的销售，企业花钱做广告就是为了使自己的产品能在市场上占有一席之地。但一种产品要在公众中树立良好的形象,必须依靠一定的品牌,然后才能较好地被公众所接受,而企业投资广告做营销也是为了在公众中赢得良好的口碑,这个口碑就是品牌。因此,可以这么说,广告经营的真正目的是维护和创立品牌。要维护品牌,保持品牌在公众心目中的形象,大规模投放广告是一个很好的捷径。广告应该着重强调品牌,把本品牌产品与其他品牌区别开来,突出品牌的特性,并且这些特性能满足多数人的需求,这样的广告通过传播,才能在广大的消费者中形成共鸣,得到消费者的认可,并转化为实际购买行为。

1)广告为营销策略的实现提供动力

企业竞争力是指在竞争性市场条件下,企业通过培育自身资源和能力,获取外部可寻求资源,并加以综合利用,在为顾客创造价值的基础上,实现自身价值的综合性能力。企业竞争力还指在竞争性的市场中,一个企业所具有的能够比其他企业更有效地向市场提供产品和服务,并获得赢利和自身发展的综合素质。

广告能促进新产品、新技术的发展,一个新产品、新技术的出现,靠行政手段推广,既麻烦又缓慢,局限性很大,而通过广告,让其直接出现在广大的消费者面前,能使新产品、新技术迅速在市场上站稳脚跟,获得成功。作为生产企业通过广告可向消费者展示企业产品的质量及功能,与竞争对手进行全面比较,从而实现优胜劣汰,促进各企业不断改进技术,提高产品质量,增强竞争能力。

广告发挥的作用在于提高产品品牌的曝光度、知名度,从宣传上拉近与消费者的距离,从而为产品的进一步推广提供条件。同时,为其他产品的销售、扩大市场占有率提供动力。特别是随着经济开放程度的加深,竞争者的增多,在生产产品过剩的条件下,市场由卖方市场转变为买方市场,消费者的选择权进一步扩大。没有广告的"先声造势"连接产品与消费者,产品的推广就会变得很困难。因此,营销策略的实现或产品的推广都离不开广告的推动。

2)扩大销售,传递信息

广告就是把企业的产品推销出去,让消费者知道有这么一个产品及品牌,让消费者对这个产品有一定的认识和了解,让消费者对这个产品有一个好的评价,这样企业的产品才会赢得消费者的喜爱,这就是广告在扩大销售方面的作用。但如果广告做得不好,则会产生负面影响。

广告还能传递信息,表明商品或劳务的存在,提高大众对商品或劳务的知晓和熟悉程度,激发消费者的需求。企业为了营利,往往会通过电视、报纸、杂志、电台等媒体展示特定的产品信息,使消费者知晓并逐渐熟悉,从而刺激消费者的购买欲望。

加强消费群体的忠诚度,赢得新的品牌转换者,促使消费群的增加和购买量攀升,这是广告经营追求的效果。广告要针对顾客对品牌的喜爱及对该品牌的使用经验策划广告形象。

信息渗透是广告的使命。某个品牌的使用者通常是那些对此品牌的广告最关注的人。广告只是对品牌的特性进行简单描述。许多消费者做出购买决策是因为与广告诉求方式产生了共鸣,使之信赖该品牌并产生购买行为。"信赖"在消费者的购买过程中形成一种行为上的惯性,这种行为上的惯性就是信赖度。虽然市场是经常变化的,但是由于消费者行为上的惯性会使该品牌所占的市场份额处于一个相对稳定的状态。正是消费者的这种惯性对销售量产生了主要的、长期影响。

3）营销策略和广告的相同处在于创造或维护品牌

中国正经历着全球有史以来最短时间内最大规模的品牌创建运动。在我看来，这意味着有两个因素正在以特别强有力的方式同时发生作用。一是中国的经济改革正引领中国的产品和服务向前发展，使它们有可能和世界上最好的产品和服务竞争；二是中国文化在符号和象征方面的深度，允许中国消费者热情地添加多角度多层面的含义。而"品牌形象"正可以将这两个因素结合起来。

随着时代的变迁，企业之间的相互竞争已经为广告带来了新的面貌，广告不单单起到了广告产品的作用，更可以运用广告让消费者了解企业正面积极的形象，让消费者更加安心地使用产品。进步的多媒体科技与迅速发展的网络为创意人带来了一个另类的创作空间，加上国际互联网的推动，广告更加深入人心。

品牌为企业带来效应，它是商业社会中企业价值的延续。在当前品牌先导商业模式中，品牌意味着商品定位、经营模式、消费族群和利润回报。树立企业品牌需要企业有很强的资源统合能力，将企业本质的一面通过品牌展示给消费者。树立方法：广告、日常行销、售后服务都有直接影响。品牌效应是品牌在产品上体现，为品牌使用者带来效益和影响。品牌是商品经济发展到一定阶级的产物，最初的品牌使用是为了便于识别产品，品牌迅速发展是在近代和现代商品经济的高度发达的条件下产生的，其得以迅速发展的原因即在于品牌使用给商品生产者带来了巨大的经济效益和社会效益。

品牌不仅仅是一种符号结构、一种产品的象征，更是企业、产品、社会的文化形态的综合反映和体现；品牌不仅仅是企业一项关于产权和消费者的认识，更是企业、产品与消费者之间关系的载体。品牌的底蕴是文化,品牌的目标是关系。

品牌意味着高质量、高信誉、高效益和低成本。品牌的背后就是一个在市场竞争中始终立于不败之地的成功企业。在创牌和扩大品牌覆盖面的过程中,只有通过产品结构的优化、存量资产的盘活、技术含量的提高和科学化的管理才能使企业不断地发展壮大起来。

知名品牌既是企业的无形资产,又是企业形象的代表。这是成功企业多年来形成的共识。建立完善的企业管理制度,确保在消费者与品牌的每一个接触点都能做到"真心为用户着想,至善至美,给用户以信赖",是品牌战略的基本保证。

当企业发展到一定规模时,决定企业在社会市场中地位的因素就是企业形象,也就是广告在市场营销中所起到的塑造作用。塑造作用,即通过对广告内容的设计,在目标受众中建立品牌形象,再通过画面、声音、色彩等手段,植入受众脑中。在广告过程中,与品牌所辖产品及服务形成良性互动,建立品牌美誉度,从而完成企业形象的完美塑造,提升企业的社会地位,使公司在立足于社会的同时打造出自己的企业结构。

7.4　电商背景下的"智慧粮食"广告营销的创新思考

随着互联网技术及网上支付平台的发展,网络购物这一新型消费模式开始出现,并受到了人们的推崇。新媒体随身性与定向性的特点,使网络购物越来越具备了电子商务的功能,而其与新媒体的结合也衍生出一种新的广告形式——电商广告,这是商家企业依托互联网宣传、营销产品的一个新渠道,具有鲜明的营销属性。

7.4.1 电商与广告营销

1)电商广告的概念及形式

互联网的普及让人们进入了全新的信息时代,数字经济和我们生活的联系越来越紧密。最近几年,我们国家的互联网产业发展迅速,电子商务已经渐渐变成了现代商业的主要方式,网络广告的创新与崛起改变了传统的电商广告设计模式,创造了很多新的广告设计元素。传统的单纯广告设计已经满足不了电商行业的需求,需要在新的电子商务模式下,探索新的电商广告设计。

(1)电商广告的概念。

电商广告是指商品经营者或服务提供者承担费用,通过互联网或移动网络,在网站页面的广告位宣传商品或服务,并把受众的购买行为引到承接页面完成交易与结算的一种广告形式。其包含两部分内容,即商品广告与承接页面。

(2)电商广告的形式。

①展示型广告。它是商家付费给一家或多家互联网站及电商平台,在其网页广告位显示的超链接广告。如果消费者对广告展示的产品感兴趣,可以直接点击图片,进入商家店铺,了解商品详情。展示型广告是电商广告中最主要的形式,内容以商品促销和品牌宣传为主。

②搜索引擎关键词广告。它是商家根据自己产品的属性特点或服务项目的内容信息,确定相关关键词,并撰写广告内容进行自主定价投放的广告。当客户在搜索栏输入感兴趣的商品文字时,搜索结果页面就会展示与关键词相对应的商家广告,点击广告就可链接到商家的承接页面。搜索引擎关键词广告属于文字链接型广告,有三大特点:一是覆盖面广,受众广泛。搜索引擎关键词广告是基于搜索引擎

平台而设定的广告。有调查显示,95％以上的网民都是通过搜索引擎找到自己所需的信息。二是目标精准,针对性强。客户是通过关键词主动进行搜索的,搜索引擎根据客户需求提供相应结果,因此广告投放能精确匹配,直接面向有需求的受众。三是按效果付费,采用竞价排序的方式。相关平台根据广告主付费的多少来排列结果,不点击不收费。

③电子邮件广告。它是商家通过互联网将涉及产品的促销活动以电子邮件的形式发送到顾客的电子邮箱。顾客收到邮件后,根据消费需求,可以点击广告页面中的链接进入商家店铺选购商品。

2)电商广告的特点

(1)交易性。

电商广告是广告与电子商务的结合,因此具有交易性特点。它可以触摸到广告受众在网购过程中的任何一个阶段,从发现商品、对其产生兴趣,到了解商品详情、做出购买决策,再到网上支付、购买后的评价反馈等,每一个环节都是电商广告涉及的范畴。电商广告连接电商平台的特点,使它能在第一时间将广告受众的购买欲望转化为实际的购买行为,为商家创造看得见的商业价值。而传统媒体的广告与商品交易是分开的,在大多数情况下,受众在接收到他们感兴趣的广告信息后,不能马上去商店购买,有时会过相当长的一段时间才购买。这个时间段是广告激发起的兴奋度迅速衰减的过程,如果中间再有其他事物干扰,商家就会失去潜在消费者。交易性特点使电商广告具备很强的广告时效性。

(2)定向性与精准性。

商家及广告人依据互联网大数据平台与电商平台内部大数据,以及网络定向技术,能根据消费者的偏好去匹配个性化商品广告,开展主动营销。比如我们在淘宝网搜索或购买过一款女包,当我们在网上浏览其他页面时,就会发现页面上会出现关于女士包的推荐广告图。在淘宝网上,也会看到"看了该宝贝的人还看了……"等关联广告,很好地保障了广告的到达率。

(3)可以实时监控与调整广告效果。

在大数据平台背景下,商家及广告人能利用电商广告的互动性特点,实时监测电商广告的实效性。商家及广告下通过"量子恒道"数据分析,查看买家点击了哪些商品、在哪个页面跳失等,通过数据分析,来优化页面与调整广告图,提高店铺转化率。

7.4.2 "互联网＋"时代的广告营销变革

1)传统广告营销模式的没落

在当下传统营销的广告测量体系正逐步失去效果。随着互联网技术和大数据应用的迅猛发展,技术型(量化)营销和程序化广告逐渐成为现代营销模式中的重要组成部分。从起初的精准营销,到后来的实时竞价(Real Time Bidding,RTB)、需求方平台(Demand-Side Platform,DSP),再到目前热炒的私有DSP、移动DSP、商用wifi等,各种新工具、新模式、新概念层出不穷,然而,对于广告主,无论概念有多么火热,其首先要知晓的是,这个失效是建立在社会结构分化及受众碎片化的基础之上的。当社会结构出现不稳定的碎片化时,当传播渠道变为平台化时,原有的消费者调研工具已经失灵:受众的碎片化让原本的消费者研究方式无法确保真实性,无法再利用这些方法来捕获受众的真实需求与欲望;社会结构的改变使得日益成熟的抽样调查面临艰难的选择,原有的抽样设计难免误差,扩大样本数量无疑可以控制误差,但导致成本抬升而难以为继;再加上目前各类户外媒体缺乏权威性的效果测量体系和工具等。因此,在新媒体时代的整个营销体系中,媒体到达效果、广告到达效果、受众心理变化效果及行动效果都无法再用传统的手段和方式来获知,既有的营销与广告体系也因此而崩塌了。

2)广告营销模式的创新发展

新营销框架应回归广告本质——对正确的人,以正确的方式,说正确的话。广告的本质的这 3 个"正确"是广告效果保障的核心诉求。在以往,我们试图通过"科学"的手段探知受众并把握其需求,做出市场预判,并通过大众媒体全面覆盖。而在新的营销框架下,基于大数据技术,可以对广告投放进行精细化管理,从而为以上 3 个诉求的准确实现带来可能性:一是如何精准地找到目标用户;二是如何优化广告投放策略;三是如何提高投入产出比。

(1)精准地找到目标用户。

以汽车行业为例。在传统营销时代,想要找到目标用户有几种方式:通过大众覆盖找人,通过关系找人,通过圈层找人,通过渠道延伸找人,通过顾客关系管理(Customer Relationship Management, CRM)数据库找人。这些方法普遍成本高,效率慢,同时需要企业具备强大的组织化能力。比如,通过大众覆盖找人,可能需要企业建设一个呼叫中心(Call Center);通过圈层找人,企业需要定期举办各种落地活动以聚拢人群;通过关系找人,则意味着企业需要构建强大的营销队伍;等等。而在大数据时代,一切都不同了。技术替代了人力和组织,数据替代了问卷和经验。一是数据量的增加已经实现了从量变到质变的转换;二是这些数据包含用户真实的互联网行为;三是技术的变革使得通过这种接近实查的抽样获得数据的成本极为低廉；四是这些数据也包含了大量来自用户主动发布的信息。比如，AdTime可通过大数据平台 Atlas 对数据进行收集与挖掘。比如，某用户经常上网搜索、对比汽车的价格，同时浏览汽车专业网站和贴吧，甚至在论坛上询问汽车性能。通过这些，Atlas 就可判断出该用户是潜在的汽车购买需求者。通过数据关联算法，便可实时地在全网中定位到购车需求的所有人，这些人群真实、鲜活，极易形成转化。综上所述，通过大数据平台进行收集分析，广告投放将始终针对品牌的核心目标受众。

(2)实时优化广告投放策略。

今天的消费者不会停留在一个媒体甚至一个媒介上！而针对第二个诉求"如何优化广告投放策略"时，传统媒体广告的最大特点是按时长和版面收费，因此为了在有限的时长和有限的版面上传播出记忆深刻、有销售力的产品信息，需要把一个包含无数内容的品牌和产品全息信息，高度精练成一句话或寥寥几句的核心信息。问题在于：在这个信息高度爆炸和崇尚个性化的时代，广告信息很难保证被人注意，又很难保证被大部分人所喜欢。这是传统营销面临的巨大挑战。如今基于大数据技术的广告调度将解决以上问题。通过时间坐标切割，准确辨别用户需求，包括需求时间及偏离尺度。通过匹配媒体内容，辨别用户对品牌及产品的偏好度，以时间为依据对群体进行需求层级划分，控制广告出现在用户需求的最佳时刻，确保广告的精准有效。总之，针对不同类型的人群制定差异化的投放策略，让广告以一种一人千屏、千人千屏的面貌出现在人们眼前。

（3）优化投放产出比。

在传统传媒时代，媒体选择策略是投放策略的核心，但由于媒体是固定的，所有投放产出亦是固定的，无法优化。这种方式永远会面临"广告费有一半浪费了"的困局。在传统传媒时代下，我们既不知道是谁看了广告，也不知道受众对广告的反馈如何。在大数据时代下，我们可以通过广告调度来不断优化广告投放产出比，广告调度在 Ad-Time 上分为同站调度和跨站调度。同站调度是指可以在投放产品广告时，进行针对性圈定；而当受众进入网站内容页时，用户匹配度最高，用户停留时间最长，其后再投放活动广告，对人群进行有效牵引。对于跨站调度，比如品牌在网站首页举行互动活动时，用户没有注册参加而转跳到其他网站时，我们可以更换产品诉求，进行追踪投放；而当用户进行注册之后，转跳到其他网站时，我们对受众进行新品推送，提升投资回报率（Return on Investment，ROI）。

3）应运而生的大数据广告营销生态体系

基于大数据核心技术，围绕"二步走"策略，通过几年的积累与布局，构建了大数据广告营销生态体系。在这个体系下，企业将实现品牌对受众的"所见即所得"，从而保证广告效果的恒定。以汽车行业为例，要达到预期效果，绕不过下面三大问题：①如何精确地找出两类目标人群？②针对三类人群分别采用什么样的媒体策略？③投在哪，即选择什么媒体（媒体组合）投？通常我们针对一个汽车潜在用户的营销过程是这样的：当用户上网搜索或关注汽车相关的信息后，向他的电脑投放相关汽车品牌的广告，当用户对相关汽车感兴趣时会积极点击广告，进入试驾注册页面进行注册，并参加线下的试驾活动。通过试驾，用户对该品牌汽车有了深刻的了解，并最终形成购买行为。

7.4.3 "PBCG"联动网络营销模式

农产品网络营销主要是利用互联网开展农产品的营销活动,网络营销最常见的 3 种模式为 B2B,B2C 和 C2C。这 3 种模式仅是点对点的连接,不适合农产品进行网络营销。本书在分析农产品网络营销实质的基础上,提出有必要为农民设立专门的网络营销平台。因此,本书构思以农民为基点,使 B2B,B2C,C2C 及 B2G 和 C2G 相互连接,从而形成立体化的联动网络营销——"PBCG"联动网络营销模式,如图 7-4 所示。

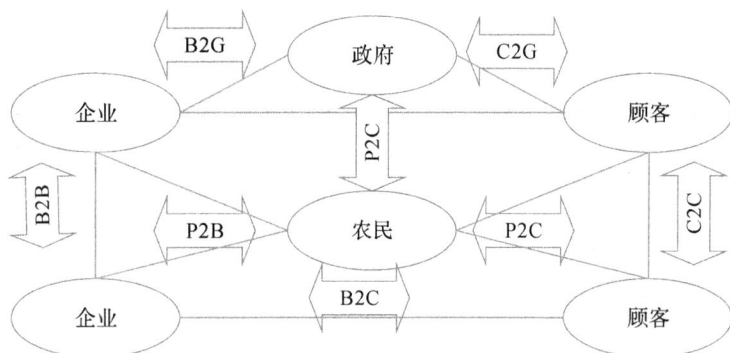

图 7-4 "PBCG"联动网络营销模式

"PBCG"联动网络营销模式将实现营销主体"点、线、面、体"的立体结合。一方面,为农产品营销提供新的思路,深化了对农村信息化进程实质问题的理解;另一方面,实现了电子商务和电子政务的跨时空、交互式、整合性、经济性和技术性的有机连接,在关系营销思想盛行的今天,为交易各方从零和博弈走向竞争双赢,进一步实现联动互赢提供了可能性。

1)基础构建阶段

实施初期,"PBCG"运营商的主要任务是对基础设施的构建,通过各种宣传和适当的政府引导,鼓励和吸引广大农户加入该平台,实现农户、商家、顾客及政府的有效对接。

2)以销定产阶段

以销定产阶段运营商的主要任务是将消费者信息进行整理分类,并将市场信息送达至农民,以便使农民根据消费者的信息,以市场为导向,有目的地进行生产及劳务输出。

3)以产促销阶段

此时运营商的主要任务是帮助农民将其产出的剩余的农产品信息(或劳务信息)通过网络平台进行宣传,以寻找消费者实现销售,并以此通过实际行动吸引更多的农民加入进来。

4)产销协作阶段

此时农户和购买者基本上形成一定的产销协作关系,农户按购买者的订单有计划地进行生产活动,购买者通过和农户签订产销协议有计划地开展经营,运营商的主要任务是对已形成的联动模式进行维护。

5)战略联盟阶段

此时该模式已具备一定规模,农户、商家、消费者、政府部门间相互依存、相互协作。金融、通信、物流等相关部门的大量加入,促进战略联盟的形成。"PBCG"在满足各方信息共享的同时,也满足政府对信息上传下达、管理扁平化的要求,实现了农、工、商、政的结合及电子政务和电子商务的联合。"PBCG"联动网络营销模式为农产品的销售提供了更为广阔的平台,虽然这一新兴营销方式在农产品的营销实践中还面临着诸多制约和障碍,但随着政府支持力度的不断加大和消费观念的不断转变,我国农产品网络营销必将发挥更大的积极作用。

7.5　面向"智慧粮食"电商生态圈的广告营销体系建设

7.5.1 "智慧粮食"与广告营销有机结合

1)"互联网＋智慧粮食"的电商营销生态圈的基本要求

"互联网＋智慧粮食"电商营销生态圈涉及平台的建设不是单独某块业务模式的建设,而是基于若干核心模块的整个"粮油交易"互联网生态系统的建设与完善。生态圈的建设不仅需要有体验良好的交易平台、交易模式与类型的创新,更要有金融、指数、物流和数据等增值服务体系。

"互联网＋智慧粮食"电商营销生态圈涉及平台的建设不是完全的新建项目,而是必须要与杭州国家粮食交易中心现有的政策资源、市场资源、网络资源进行紧密的整合,既要利用好现有的各种政策与网络资源,也要注重网络与渠道的冲突,联动市场商户、异地交易中心等多方的资源与力量,注重利益分配体系的重构,激发参与主体的能动性,从而实现平台业务与传统业务的顺利过渡与融合。

"互联网＋智慧粮食"电商营销生态圈涉及平台的建设必须注重业务的创新,发展"社会粮"交易、稻米交易及国际采购等业务。平台要充分利用现有的基础,一方面积极进行市场化,拓展"社会粮"交易业务;另一方面,申请独占性强的交易牌照,发展稻米即期现货交易、中远期现货交易与国际采购等业务,不断夯实发展优势。

"互联网＋智慧粮食"电商营销生态圈的建设必须注重运营的数据化,推动产业链向指数、金融、仓储物流等高附加值领域延伸;必须以做好交易平台的基础业务为前提,注重发展自有运营、指数、金融等专业服务,同时积极拓展与其他第三方专业金融、数据、仓储物流服务提供商的战略合作,搭建起功能健全、服务完善、操作便捷的生态服务平台。

要实现"互联网＋智慧粮食"电商营销生态圈与广告营销的有机结合,关键在于对数据的管理和应用。构建"智慧粮食"相关平台最重要的就是对有关粮食的数据进行有效的管理,从而提供有效的增值服务。当前大数据的理念已应用于各个实践领域,广告营销在电商领域需要不断地创新方法方式,将互联网思维、用户体验思维有机地结合,不断探索电商背景下的广告营销模式。

2)"智慧粮食"结合广告营销的必然性

所谓网络广告营销,是指借助互联网优势来实现产品销售的一种方式,因互联网特殊的开放性、应用性与服务性,网络销售已经成为重要的销售方式,是企业产品销售的一大重要核心。电子商务下的网络销售覆盖全球,具有实时性强、互动性强、成本低等优势,能吸引客户广泛参与,做好实时互动,且销售维护成本低,并且可与其他销售方式搭配使用,优势多多,因而已经成为当前最具影响力的销售方式之一。我国粮食实施网络广告营销已经成为必然,具体主要有以下两个原因:

(1)当前粮食销售领域因流通渠道不畅导致的供需矛盾进一步催化了网络营销实施的必然性。

虽然我国农业总产值逐年提升,但无论是粮食还是各类鱼奶蛋禽肉等,消费需求都急剧提升,产需缺口较大,导致结构性矛盾凸显。虽然国内粮食需求有较大缺口,但是每年同样有众多地域的粮食无法卖出,只能选择低价抛售,导致产业发展受影响,这种供需不对口的矛盾不仅影响了农民致富,同样影响了农业产业化、集约化经营。目前造成这种供需矛盾的关键在于粮食流通信息不畅,因此需要借用网络营销的全球覆盖、实时流通等优势来改善这种局面。

(2)随着当前国内民众生活水平的提升,信息技术快速发展下网络应用成本不断降低。

截止到2016年末,我国网民已经超过7亿人,尤其是农村地区,是近年来网民数量增长最快的区域。由此可以看出,就网民数量、结构年龄而言,我国已经具备较好的粮食网络营销环境。众多移动终端、平台软件的出现进一步优化了销售平台的建设,农民群体可高效利用专业销售平台服务于粮食销售,降低销售成本与信息沟通成本。当前国内积极推动物联网发展,立体物流体系已经初步形成,制约粮食销售的冷链物流困境已经得到显著改善,物流产业趋于专业化、精细化,制约粮食网络销售的瓶颈基本消失。根据当前调查数据来看,未来我国冷链物流行业将保持着年25％的成长速率增长,市场规模也将破万亿元,虽然与发达国家有一定差距,但是无论从市场需求还是市场潜力来看,粮食的网络销售发展模式在国内必将迎来如火如荼的发展期。

3)粮食等农产品广告营销问题分析

因信息技术、物流产业的高速发展,目前国内物联网发展劲头十足,以淘宝、天猫、京东等一大批电商为代表进行的网络营销迎来了高速发展期。这对于国内多个地区粮食网络销售发展而言,产生了一定助益,但是无论从规模、发展速度还是产业进步空间来看,粮食的网络营销还存在着制约瓶颈,究其原因,主要集中在以下两个方面。

(1)粮食网络营销主体不明确。

虽然当前已经有越来越多的粮食生产者尝试加入网络营销大军,但是从其所占比例来看还是偏低,粮食生产者中有一部分因自身认识等因素影响了网络销售活动的开展。网络营销的开展要求销售者至少要掌握基本的计算机技术,可顺利在销售平台上制作并发布信息,甚至还要求他们能够熟练进行网络维护与设计工作,这对于多数农民而言有一定难度,因此无法将网络营销化为销售优势;还有部分从业者因为网络销售存在较大的风险与安全隐患,所以犹豫不决,在参与网络销售方面顾虑重重,这些都进一步制约了粮食网络营销的发展。

(2)网络销售配套环境有待改善。

粮食销售本身受限于季节、保鲜等因素,尤其是冷链物流当前虽然已经迎来较好的发展局面,但是市场规模与流通需求不相符合,制约了其进一步发展。在农产品销售方面,专业营销人才的缺乏、销售主体规模偏小、销售针对性不足、产品单一缺乏竞争力、网络营销配套服务不到位等问题都增加了农业网络营销发展的难度。虽然以手机、平板电脑等为主的移动终端提供了进一步的发展机会,但是纵观全局,粮食网络营销还是存在诸多制约发展的难题。

4)"智慧粮食"网络营销创新策略思考

打造"智慧粮食"电商营销生态圈势必要求网络营销的发展必须突破制约瓶颈。这就需要相关人员利用移动电子商务、物联网配套优势,做好客户关系管理,利用新技术、新理念服务于粮食立体化营销网络的打造,提升农业产业化水平和信息化水平,缓解国内粮食供需矛盾,实现产业升级。因此,可以从以下 3 个方面入手。

(1)利用移动电子商务优势。

所谓移动电子商务,是指以个人移动终端(手机、平板电脑、PDA、笔记本电脑等)通信设备为代表的电子商务活动,电子设备与技术的高度结合成功实现了移动式办公,并在市场应用中提供花样繁多的各类服务。比如,移动终端可提供个人银行、购物、交易、娱乐等服务,因其移动性特点,比之其他设备具有灵活性、便捷性等优势,突破了设备限制,实现了实时性联通服务,尤其是现在越来越多的产品提供定制服务,无论是各类软件平台还是硬件设备,都进一步降低了使用难度,提升了使用性能,这对于"智慧粮食"的网络营销发展而言,无疑创造了一个优良的环境与一个可靠的技术平台。当前粮食销售的一大难点就是信息流通不畅,信息是否畅通在很大程度上决定了粮食销售市场的大小。农村地区受限于地区硬件等,在销售方面先天弱势,不过凭借网络可建立粮食销售网络。同时,借助固定终端、移动终端处理各类销售情况,再配合应用设备、网站平台推出的各类应用服务可高效完成粮食销售处理工作。尤其是许多网站推出的针对粮食销售的定制服务,不仅提供了更为贴心的粮食销售服务指导与帮助,还可通过加强与网站的合作解决智能检索、粮食质量等级评定等问题。利用移动电子商务有益于解决粮食销售难的问题,即可通过高效整合各类信息资源,建立移动平台处理销售信息发布、求助信息发布、粮食加工等问题,为营销大户、农民、农产品加工企业提供优质交流平台,高效实现各类疑难需求。另外,移动终端厂商与电信运营商的合作有助于拓宽业务销售渠道,比如建立农业专家服务平台,利用微信、短信、微博等方式实现农户与专家、厂家、合作社的交流,也可通过建立 B2C 与 C2C 电子商务平台起到牵线搭桥的作用,推动粮食网络销售发展。

（2）利用物联网优势。

粮食销售多数对保鲜等的要求较高，因此在物流环节必须做好保险冷藏，这一定程度上增加了销售压力，尤其是供应链管理方面变得更加复杂，对于农民而言，限制了其市场销路的拓展。当前，物联网建设作为国家发展重点，发展十分迅速，因此粮食的网络营销体系建设也可借助物联网，做好冷藏保鲜运输工作，在减少中间流通环节的基础上缩短产品流通链，加快粮食销售速度，以高品质的粮食流通改变当前销售格局。物联网的发展是依托各类互联网技术与各类电子设备（扫描设备、感应设备、识别设备、定位设备等）而形成的巨大网络，该网络可提供供应链的可视化管理和各类人性化服务，同时利用上述技术可实现对粮食的追根溯源，利于供应链的管理。物联网将各类技术方案进行整合，方便了信息供应链和物理供应链的整合，降低了食品安全事故的影响，尤其是生鲜粮食，无论是流通便捷性还是安全性都得到保障，这无疑为网络营销的开展提供了坚实的技术基础和良好的发展环境，对于粮食进行高效的网络营销而言事半功倍。

（3）利用客户关系管理优势。

粮食销售中留住客户十分重要，做好客户关系管理意味着占据市场，因此必须要在深入了解客户的基础上根据客户属性、需求等从多角度剖析客户，采取不同的网络营销方案，提供针对性更强的服务，以提升客户信任度、依赖度和忠诚度，降低客源流失量。客户关系管理可利用大数据模式下的数据挖掘来实现。当前国内众多电商平台拥有浩瀚如海的用户数据资料，可利用数据挖掘将潜在高价值信息与知识进行总结利用，比如分析不同客户群体消费特点、消费心理与消费行为，分析粮食购买用户需求、心理等，将这些高价值信息以信息推送或信息定制的方式出售给销售平台上的广大商户,从而利用这些信息更好地进行粮食销售策略的制订和粮食生产方案的制订。以数据挖掘为代表的用户数据利用,有利于客户关系的经营管理,可对用户数据内在关联性做有效分析,通过及时分析当前粮食市场销售需求、用户需求、消费群体分布情况等制订高效营销策略;还可实时监控市场价格波动情况,及时做出调整回应,以便在竞争中占据优势,更好地完成粮食销售使命。

7.5.2 面向"智慧粮食"的广告营销体系架构模型

"智慧粮食"的打造在于商业性和增值服务性。在商业领域,打造以 B2B 为主、B2C 为辅的商业交易模式;在增值服务领域,利用大数据的技术和理念,构建"互联网＋粮食收储""互联网＋粮食调控""互联网＋粮食产业""互联网＋粮食监管"一体化综合服务平台,从而实现互联网时代背景下"智慧粮食"工程的商业和增值价值。在商业领域,如何与网络市场营销的理念相结合,是打造面向"智慧粮食"的广告营销体系的基础和关键。

构建"智慧粮食"的工程中,我们尝试利用网络营销理论,构建广告营销体系(图 7-5)。同时,结合由政府、顾客、企业、农民组建成的"PGCB 联动网络营销模式",可将该体系进一步完善。

针对"智慧粮食"电商生态系统中商业交易领域方面的问题,结合"PBCG"联动网络营销模式,构建面向"智慧粮食"电商营销生态圈的广告营销体系。在该体系中,将电商贸易与互联网广告有机结合,借助大数据时代的广告特点服务于"智慧粮食"电商营销生态圈的构建。

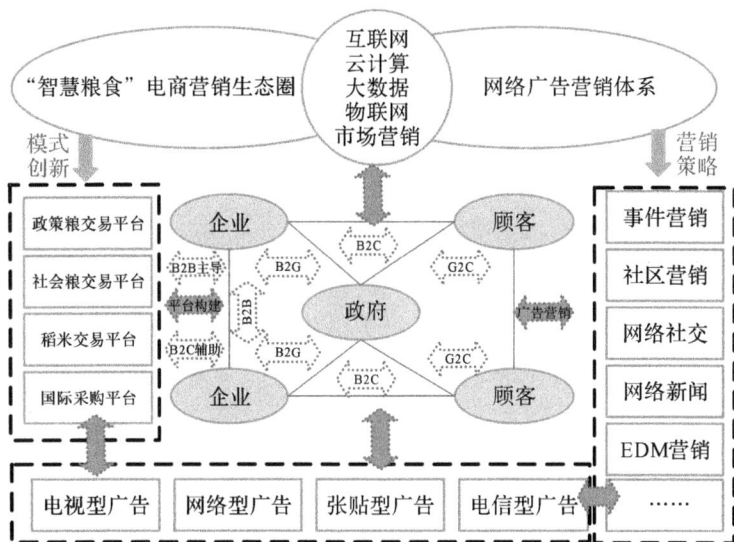

图 7-5 "智慧粮食"的广告营销体系架构设想

7.6 本章小结

广告与市场营销的相同点为产生的条件相同——商品生产的高度发展;从研究内容上看,都属于经济范畴,市场营销把广告作为组成部分,广告和市场营销都是企业经营管理的重要组成部分。广告是市场营销组合中的有机组成部分,是促销组合中最重要的组成部分。结合互联网时代农产品"PGCB"联动网络营销模式,借助"智慧粮食"电商生态系统商业交易模式的平台构建,将广告营销的各种策略进行有效的展示,从而实现"智慧粮食"电商营销生态圈广告营销体系的建设。

参考文献

［1］ SCHULTZ T. Investing in people：the economic of population quality［M］. California ：University of California Press，1981.

［2］ STRAUSS A L. Qualitative Analysis for Social Scientists［M］. Norwich：Cambridge University Press，1987.

［3］ 柴鹏飞.镇海区加快农村住房改造推进农民新型居住区建设［J］. 宁波通讯，2009(5)：56-57

［4］ 陈加元.迈向新型城市化［M］.杭州：浙江人民出版社，2013.

［5］ 陈娟.浅谈城市广场舞文化的发展与影响［J］.新一代月刊，2013 (12).

［6］ 陈世伟，尤琳.封闭抑或开放：农村社区化管理中新旧组织的冲突 与共生——基于浙江镇海乡村社区的实证考察［J］.湖北行政学院 学报，2012(3)：70-75.

［7］ 陈世伟.土地流转背景下的村社治理研究——基于浙江镇海乡村 社区的实证考察［D］.武汉：华中师范大学，2011.

［8］ 陈郑.和谐社会背景下关于我国行政管理体制改革的对策与建议 ［J］.金卡工程，2010，14(2).

［9］ 戴备军.生态建设在浙江［M］.杭州：浙江人民出版社，2007.

［10］董俊平，杨周顺.创新：产业升级的关键举措和不竭动力——宁

波镇海区调查[J].政策瞭望,2014(8):18-21.

[11] 杜志炎,饶金龙.建制度,造氛围,筑防线——镇海炼化廉洁文化建设纪实[J].中国石化,2010(3):14-16.

[12] 杜志炎,钟大海,何世念.一体化驱动实现两翼齐飞——镇海炼化、茂名石化的优化实践[J].中国石化,2014(10):25-28.

[13] 方创琳,王德利.中国城市化发展质量的综合测度与提升路径[J].地理研究,2011(11):1931-1946.

[14] 高岭夏.系统论观点在城市化发展战略决策中的应用[J].三江论坛,2005(10):16-18.

[15] 高佩仪.城市化发展学导论[M].北京:中国财政经济出版社,2009.

[16] 高岩,浦善新.中华人民共和国行政区划手册[M].北京:光明日报出版社,1986.

[17] 耿春雷.镇海:网上的社会管理创新[J].社会与公益,2012(12):54-55.

[18] 顾甫明.大企业嵌入地方石化产业集聚升级的互动研究——以镇海炼化为例[J].当代石油石化,2012(12):19-25.

[19] 关静.智慧城市中的智慧政府:核心特征与目标设定[J].长白学刊,2013(3):70-74.

[20] 国万忠,袁艳平,周燕.新型农民人才队伍建设——推进农村改革发展的关键举措[J].经济研究导刊,2009(7):47-48.

[21] 胡家丰,鲁佰军.关于加快镇海区城市化发展的思考[J].宁波经济丛刊,2000(3):39-42.

[22] 姜太碧.统筹城乡协调发展的内涵和动力[J].农村经济,2005

(6):13-15.

[23] 蒋永甫.城镇化发展的中国道路——近年来国内城镇化研究评述[J].广西大学学报(哲学社会科学版),2013(11):69-76.

[24] 金明强,李宪坡.全域城市化的战略内涵与实施路径——以宁波市镇海区为例[M].南京:东南大学出版社,2011.

[25] 景普秋,张复明.城乡一体化研究的进展与动态[J].城市规划.2003(6):30-35.

[26] 李爱民.我国新型城镇化面临的突出问题和建议[J].城市发展研究,2013(7):104-109.

[27] 李慧娟.科技发展与和谐文化建设互动关系研究[D].福州:福建师范大学,2008.

[28] 李禄俊,潘胜军.论城乡统筹背景下的城市化发展策略[J].中国城市经济,2010(9):280-281.

[29] 李阳育,孙大海.一个重化工区的生态建设实践——镇海实现经济增长与环境保护双赢纪实[J].今日浙江,2007(3):53-54.

[30] 李亦斌.浙江新型城镇化建设模式的探索和实践[D].杭州:浙江大学,2013.

[31] 刘延恺.城市水环境与生态建设[M].北京:中国水利水电出版社,2009.

[32] 刘易斯·芒福德.城市发展史——起源演变和前景[M].北京:中国建筑工业出版社,2005.

[33] 陆立军,杨海军.海洋宁波:海洋经济强市建设研究[M].北京:中国经济出版社,2005.

[34] 罗宏翔.关于我国新时期小城镇发展政策的回顾[J].成都大学学

报(社会科学版),2002(3):30-33.

[35] 罗瑛.浙江农村人才体系构建研究[J].经济师,2008(11):184-186.

[36] 马仁峰,王美,张文忠,等.临港石化集聚对城镇人居环境影响的居民感知——宁波镇海案例[J].地理研究,2015(4):729-739.

[37] 马卫光.创建国家级生态区的"镇海模式"[J].环境经济,2010(10):55-57.

[38] 毛孟凯.我国新农村建设中的人才下乡探析[J].乡镇经济,2008(1):90-94.

[39] 穆光宗.小城镇发展政策的追溯与评估[J].城镇经济研究,1990(4):45-50.

[40] 穆晓利,何爱国.镇海:"全域城市化"的农村社区发展实践[J].社区,2011(21):24-26.

[41] 倪鹏飞.新型城镇化的基本模式、具体路径与推进对策[J].江海学刊,2013(1):87-94.

[42] 农业部农村经济研究中心.中国农村研究报告(1990－1998)[M].北京:中国财政经济出版社,1999.

[43] 诺克斯.城市化[M].顾朝林,汤培源,译.北京:科学出版社,2010.

[44] 潘俊国.我省农村人才资源开发对策研究[J].行政论坛,2006(3):87-88.

[45] 撒莉莎.开放经济条件下的城市化特征与可持续发展研究——对宁波市城市化的经验实证分析[D].上海:华东理工大学,2011.

[46] 邵兴江.学校文化建设的典范:镇海中学的个性建筑文化[J].上海教育,2013(34):80-81.

[47] 寿鹿.浙江沿岸生态环境及海湾环境容量[M].北京:海洋出版社,2015.

[48] 苏晓光,马璇.旅游业与新型城镇化的良性互动关系研究[J].旅游纵览(下半月),2013(9):159.

[49] 孙大海,李阳育.建设生态镇海,实现科学发展[J].今日浙江,2007(3):51-52.

[50] 孙瑶瑶.镇海区文化强区建设现状和对策思考[J].经济丛刊,2012(2):30-33.

[51] 滕耀霆.调整优化国土空间布局 建设生态和谐美丽新城镇——宁波市镇海区"三带三组团"发展构想探讨[J].浙江国土资源,2013(11):21-23.

[52] 汪世锦.培植核心价值观,提升企业竞争的软实力[J].石油化工管理干部学院学报,2004(4):33-36.

[53] 汪玉凯.从政策调整到体制创新——中国行政体制改革20年回顾[J].中国公务员,1998(10):7-8.

[54] 王桂新.城市化基本理论与中国城市化的问题及对策[J].人口研究,2013(6):43-51.

[55] 王人扬.宁波市外来务工人员住房状况及住房保障体系研究[D].武汉:华中科技大学,2014.

[56] 王晓峰,楼晓明,韩关根,等.浙江省电子垃圾拆解地区环境中多氯联苯污染特征研究[J].卫生研究,2011(5):583-586.

[57] 王晓梅,王旭.农村文化建设对新型城镇化建设的作用——以黑

龙江省双城市为例[J].齐齐哈尔大学学报(哲学社会科学版),
2015(4):58-60.

[58] 王娅,陈睿,郝之颖.港口多式联运物流枢纽区发展模式研
究——以宁波镇海为例[J].城市发展研究,2011(9):8-14.

[59] 王益澄,马仁峰.推进"五水共治"长效机制的构建——以宁波镇
海为例[J].三江论坛,2015(3):43-47.

[60] 吴国平.融合人文与科学,营造个性化校园——"镇海中学现象"
的学校文化解读[J].中国德育,2008(12):81-82.

[61] 吴丽娟,刘玉亭,陈慧.城乡统筹发展的动力机制和关键内容研
究述评[J].经济地理,2012(4):113-118.

[62] 肖永芹.我国化工区的可持续发展研究——以宁波市镇海区为
例[D].上海:华东师范大学,2007.

[63] 徐贵水.宁波市镇海区农村人才队伍建设研究[D].上海:上海交
通大学,2010.

[64] 徐红波,蔡海忠,工维明.镇海炼化建设环境友好型企业[J].国土
绿化,2007(11).

[65] 薛刚凌.论政府职能转变与行政管理体制改革(上)——国务院
《全面推进依法行政实施纲要》第四部分解读[J].辽宁警专学报,
2004,(4):1-4.

[66] 薛维海.对深化"厚德镇海"建设的几点思考[J].宁波通讯,2014
(19):60-61.

[67] 薛维海.镇海:加快推进全域城市化[J].市县策论,2015(2):
42-44.

[68] 阎勤.宁波城市化历程及推进新型城市化的对策思路[J].三江论

坛,2009(5):8-12.

[69] 应云华.宁波镇海区工业经济发展思考[J].统计科学与实践, 2010(8):47-48.

[70] 于海涛.试论网络智能办公系统的建设与实现[J].华章,2011 (13).

[71] 于鹏,李丽.从社会责任视角分析环境引致型群体事件——以宁波镇海 PX 事件为例[J].WTO 经济导刊,2015(4):67-69.

[72] 虞哲峰.节能减排:石化企业可持续发展的必然选择——镇海炼化节能减排工作引发的思考[J].三江论坛,2009(7):24-26.

[73] 张伟.苏州城乡一体化的实践与探索[M].苏州:苏州大学出版社,2012.

[74] 张占斌.新型城镇化的战略意义和改革难题[J].国家行政学院学报,2013(1):48-54.

[75] 赵彬.精神家园之于精神传承的重要作用——以宁波帮博物馆的建设与镇海的探索为例[J].宁波经济(三江论坛),2010(8):43-47.

[76] 赵玲,陆宏,杨辉,等.宁波农业生态环境污染研究[M].杭州:浙江科学技术出版社,2009.

[77] 赵庆胜,李敏,黄春波,等.绿色田园,我的梦——宁波市镇海区科奥农业科技园专注放心蔬果创业故事[J].中国食品药品监管,2015(4):22-26.

[78] 镇海:三大平台、三大产业、三个要素促转型升级[J].今日科技,2012(6):19-20.

[79] 镇海区积极推进农村精神文明建设的实践与成效[J].新农村,

2013(2):16-17.

[80] 中国社会科学院经济研究所发展经济研究室.发展经济学的新格局[M].北京:经济科学出版社,1987.

[81] 周桃勤."链合"视角下的新型城镇化道路与农村社区转型——基于浙江J村的考察[J].农业经济问题,2014(5):42-48.

[82] 周桃勤.新型城镇化投融资供求平衡研究——以浙江宁波为例[J].浙江金融,2015(4):74-79.

[83] 朱通华.小城镇建设与中国城市化道路[J].经济社会体制比较,1990(2):60-63.

[84] 朱正刚.城乡生态文明建设一体化的"义乌经验"及其普适意义[M].成都:西南交通大学出版社,2013.

[85] 宗世华.标杆企业的"五项修炼"——镇海炼化创建世界级炼化一体化标志性企业纪实[J].中国石油企业,2012(8):20-23.

[86] 邹佳佳.智慧城市建设的途径与方法研究——以浙江宁波为例[D].金华:浙江师范大学,2013.